미래를 향해 달려가 부딪혀라. 그렇지 않으면,
미래가 달려와 너를 덮칠 것이다.
안토니 J. 단젤로

도전은 우리로 하여금 새로운 무게중심을 찾게 하는 선물입니다.
싸우지 마세요. 그저 중심을 잡을 수 있는
다른 방법을 찾아보세요.
오프라 윈프리

길을 가다 돌을 만나면 강자는
그것을 디딤돌이라고 말하고 약자는 그것을 걸림돌이라고 말한다.
토마스 칼라일

만약 당신이, 미래에 대해 생각하지 않는다면
미래를 얻을 수 없다.
존 골즈워디

AI는
인문학을 먹고 산다

AI는
인문학을 먹고 산다

펴낸날 2021년 11월 20일 1판 1쇄
2023년 11월 30일 1판 3쇄

지은이_한지우
펴낸이_김영선
책임교정_정아영
교정교열_이교숙, 이라야
경영지원_최은정
디자인_바이텍스트
마케팅_신용천

펴낸곳 (주)다빈치하우스-미디어숲
주소 경기도 고양시 일산서구 고양대로632번길 60, 207호
전화 (02) 323-7234
팩스 (02) 323-0253
홈페이지 www.mfbook.co.kr
이메일 dhhard@naver.com (원고투고)
출판등록번호 제 2-2767호

값 15,800원
ISBN 979-11-5874-130-3 (43300)

AI는 인문학을 먹고 산다

한지우 지음

인문학으로 인공지능 시대를 주도하라

미디어숲

코로나19가 앞당긴
인공지능의 시대

2020년 3월 세계보건기구인 WHO가 코로나19에 대해 세계적 대유행을 뜻하는 '팬데믹'을 선언했습니다. 최첨단 의학이 발달한 시대에 살고 있다고 자신했던 현대인들은 원인을 알 수 없는 바이러스에 속수무책 무릎을 꿇을 수밖에 없었습니다. 목숨을 잃고 경제적으로 피해를 입었으며 사회적으로 갈등과 불신이 야기되었습니다. 그동안 옳다고 믿었던 다양한 가치들이 맥없이 무너졌지요. 이런 상황 속에서 우리는 새로운 고민이 생겼습니다.

'과연 우리는 어떤 삶을 살아가야 할까요?', '좌절하고 원망해야 할까요?' 아닙니다. 그럴 수는 없지요. 인류는 수많은 위기의 상황을 기회로 전환해 다시 일어섰습니다. 유럽인들을 공포에 떨게했던 페스트가 유럽 사회를 몰락시킨 것 같지만 페스트 이후에 르네상스가 열린 것처럼 또 다른 세상이 열릴 것이라 기대합니다. 앞으로 우리는 세상의 변화를 감지하고 그 안에서 기회를 찾는 데 집중해야 합니다. 실제 그런 움직임들은 곳곳에서 일어나고 있습니다.

전 세계가 글로벌 팬데믹으로 사회적·경제적 어려움을 겪고 있지만 새로운 혁신을 도모하는 주체들은 급속히 성장하고 있습니다. 익숙하고 안일했던 기존의 체제가 무너지고 새로운 창조자들이 나타나기 시작한 것입니다. 그들은 혼란을 꿰뚫고 시대적 요구를 읽어냅니다. 과거 르네상스 시대를 빛냈던 위대한 소수의 창조자들처럼 자신에게 주어진 역량을 활용해 삶을 재창조하고 암흑의 순간에 빛을 드리워 방향을 제시합니다.

이 책은 포스트 코로나 혹은 언택트 시대에 필요한 핵심 역량인 '인문학적 소양'을 주제로 쓰였습니다. 인문학의 관점에서 세상을 읽고 시대를 주도하기 바라는 마음으로 역사적 사건과 인물을 다루었습니다. 과거 역사적 사건과 인물이 혼란의 시기를 개척해나가는 과정을 현재 우리 시대에도 적용해 볼 수 있기 때문입니다. 황폐했던 중세 유럽이 인문주의자들에 의해 르네상스를 꽃피운 것처럼 포스트 코로나 시대 또한 시대의 흐름을 정확하게 읽고 차이를 만들어내는 인문학적 소양을 갖춘 사람이 주도할 것입니다. 이 책을 통해 그 변화의 단서들을 함께 찾아보겠습니다.

저자 한지우

미래는 앞으로 밀고 나아가는 자에게 보상한다.
나에게는 후회할 시간도, 불평할 시간도 없다.
나는 앞으로 밀고 나아갈 것이다.

버락 오바마

차례

2장

르네상스 소사이어티

3장

코로나19가 앞당긴 4차 산업혁명

4장

인공지능에 대체되지 않는 법

인류는 매년 조금씩 경제적으로 부유해지고 있고
사람들의 수명도 연장되고 있으며 과거보다 안전하고
민주적인 세상을 살고 있는데도 사람들은 세대를 불문하고
현시대가 어둠의 시대로 가는 전환점에 있다는 위기의식을 갖고 있다.

1장

암흑 이후의
세계

절망에 빠진 두 남자,
새로운 시대를 열다

"지옥에 세워지는 이런 낙원들은 우리가 무엇을 원하는지,
우리가 어떻게 될 수 있는지를 보여준다."
_ 『이 폐허를 응시하라』의 저자, 레베카 솔닛Rebecca Solnit

팬데믹, 위대한 개인을 잉태하다

한 남자가 있습니다. 젊은 나이에 성공한 그는 야망이 넘치는 정치인입니다. 탁월한 언변과 지성으로 두각을 나타내며 승승장구한 그에게는 두려운 게 없었습니다. 그런 그가 외교관으로 외국에서 근무하던 중 고국에서 추방 통보를 받습니다. 만약 체포된다면 화형에 처해 진다는 내용도 포함돼 있었습니다. 그는 영문도 모른 채 고국으로 돌아가지 못하는 처지가 되어버렸습니다. 권력의 최정점에 있던 유망한 젊은 정치인이 한순간 나락으로 추락한 상황입니다. 이 남자는 앞으로 어떤 삶을 살

아가게 될까요? 여러분이라면 어떻게 살아가겠습니까?

이 이야기의 주인공은 '알리기에 단테^{Alighieri Dante}'입니다. 이탈리아 최고의 문호이며 이탈리아어를 확립한 인물로 평가받는 그는 당시 피렌체에서 성공한 정치가였습니다. 유능하며 야망과 재능이 넘치는 청년이었지요. 하지만 당시 정치세력 간 치열한 권력 싸움에서 밀려 영원히 고국으로 돌아갈 수 없는 방랑자가 되었습니다. 여기까지는 역사에서 흔히 볼 수 있는 안타까운 정치인의 이야기입니다. 하지만 단테는 이러한 상황에 굴복하지 않고 인류 역사의 가장 위대한 문학작품 『신곡』을 남겼습니다.

단테가 활동하던 중세유럽은 보수적이고 이성 중심의 사회적 분위기가 강했습니다. 지식인들은 '종교'와 '이성'을 근거로 자신의 주장을 펼쳤습니다. 하지만 단테는 생각이 달랐습니다. 그는 종교나 이성이 아닌 인간의 '감정'이 가진 잠재력을 믿었지요. 절망적인 상황에서도 그가 희망을 품고 용기를 낼 수 있었던 힘은 국가와 국민에 대한 '사랑'에서 나왔습니다. 자신이 겪은 험난한 고난과 시련을 통해 인간사회의 본질을 고민하며 자신에게 주어진 '소명'을 찾아 그 길을 묵묵히 걸어갔습니다.

단테는 자신을 버렸던 이탈리아에 대한 애정과 정체성을 토대로 위대한 고전을 만들었습니다. 『신곡』은 세상을 향한 '사랑' 이야기로 토스카나 이탈리아어로 쓰였습니다. 지옥·연옥·천국을 여행하는 형식을 취하며 당대 사회 문제를 예리하게 포착해 냈지요. 그로 인해 작품에서 영향을 받은 많은 중세 유럽인들은 새로운 시대를 열게 됩니다.

당시 유럽은 '페스트'라는 질병으로 고통받고 있었습니다. 끝나지 않을 것만 같던 암흑의 시기에 단테의 영향을 받은 조반니 보카치오Giovanni Boccaccio가 등장합니다. 보카치오는 무역이 발달한 이탈리아의 열정 넘치는 청년이었습니다. 거상이 되려는 꿈을 품고 상업을 익히고자 항구도시 나폴리를 찾아갑니다. 그러나 그가 경험했던 건 상업이 아닌 문학이었습니다. 다양한 출신의 사람들을 만나 문학을 탐독하고 어울려 노는 것에 집중하지요. 그러던 중 아버지가 거래를 했던 은행이 파산하면서 경제 사정이 곤란해집니다. 그는 어쩔 수 없이 피렌체로 돌아오게 되고 아버지의 사망 이후 방황하던 자신의 방탕한 삶을 반성하고 본격적인 문학 활동을 펼치며 『데카메론』을 탄생시킵니다.

『데카메론』에는 중세유럽을 살아가던 평범한 사람들의 생생한 이야기가 담겨 있습니다. 보카치오는 이 작품으로 문단의 엄청난 혹평을 받았지만 대중에게는 폭발적인 인기를 얻었습니다. 흑사병의 창궐로 죽음의 공포를 견디며 사는 사람들에게 그의 책이 위안과 힘이 되었기 때문입니다. 보카치오 또한 책의 첫머리에 불행한 사람들의 고뇌를 덜어주기 위해 쓴 책이라고 밝혔지요. 작품은 흑사병을 피하기 위해 피에솔레 언덕에 모여든 젊은 남녀 10명이 총 100편의 이야기를 하루에 하나씩 들려주는 형식을 취하고 있습니다. 마치 현대인들이 코로나 시기에 집안에서 OTT 플랫폼을 통해 드라마를 정주행하던 것과 유사합니다. 『데카메론』은 인간의 사랑과 욕망, 행복, 운명 같은 주제로 그 시대를 사는 사람들의 일상과 삶을 담아 독자의 공감대를 이끌어낸 훌륭한 작품입니다.

보카치오는 소년 시절 읽은 단테의 작품이 자신의 인생에 큰 영향을 끼쳤다고 고백합니다. 다만 단테가 인간의 속세와 운명을 그리스도적 시각으로 그려냈다면 보카치오는 보수적인 사회적 분위기에서 금기되었던 개인의 욕망과 사랑을 담아냈습니다. 그래서 『데카메론』은 신의 세계를 다룬 단테의 『신곡神曲』과 비교되며 '인곡人曲'으로 평가받습니다.

단테와 보카치오 두 거장 모두 사회적 혼란기를 문학으로 승화시켰습니다. 특히 보카치오는 그간 문학에서 다뤄지지 않았던 사랑을 표현하며 대중의 마음을 설레게 했고 페스트가 창궐한 힘든 시기를 이겨내도록 힘을 보탰습니다. 단테의 서정적인 문장과 보카치오의 자유분방한 감정묘사가 중세 유럽인들이 그동안 잊고 있었던 소중한 감성을 일깨운 것이지요. 이는 종교의 권위나 이성의 합리성이라는 답답한 외피를 벗어던지는 계기가 됩니다. 그리고 인간 본성 그대로를 인정하고 응시했던 고대 그리스 시대의 '낭만'적 분위기를 되찾지요.

단테와 보카치오가 강조했던 소중한 감성의 재발견으로 인류 역사에서 인문학이 가장 화려하게 꽃피던 '르네상스'시대가 열렸습니다. 르네상스 이후의 문학가들은 『신곡』과 『데카메론』의 영향 아래 새로운 방식의 문예사조를 부흥시키게 되지요. 결국 '사랑'의 감정이 근대의 '개인'을 탄생시켰고 르네상스와 종교개혁의 씨앗이 된 것입니다.

유토피아
vs 디스토피아

"이 세상은 완벽하지 않습니다. 결단코 완벽하지 않습니다.
그렇기에 낙관론이 필요합니다."
_『이성적 낙관주의자』의 저자, 매트 리들리Matt Ridley

미래 사회를 예견하는 세계 석학들의 치열한 토론

캐나다에서는 매년 세계 정상급 지식인들이 모여 현대의 다양한 이슈를 공개적으로 토론합니다. 이는 캐나다 오리아 재단이 주최하는 멍크 디베이트Munk Debate라고 불리는 행사입니다. 이 토론대회에서는 다른 관점을 가진 지식인들이 2인씩 팀을 이뤄 자신의 의견을 피력하고 반론하며 자신들의 논리를 펼치지요. 그중에서도 2015년 11월에 이뤄진 토론은 많은 화제를 낳았습니다. 학계와 출판계에서 최고의 명성을 가진 지식인들이 출연해 '숨 가쁘게 다가오는 미래, 인간은 전례 없는 번영을 누릴 것인가?'라는 안건으로 열띤 토론을 펼쳤습니다.

찬성팀은 기술의 진보에 낙관적인 관점을 가지고 있었습니다. 반대팀은 비관적이었습니다. 청중은 심사단으로 참여하는데 공정한 심사를 위해 토론 전 청중에게 안건을 보여주고 어느쪽에 찬성하는지 먼저 투표하게 했습니다. 사전투표인 셈입니다. 그리고 토론 후 이 생각이 변함없는지 다시 투표했지요. 자, 그럼 토론의 내용을 들어보기 전에 여러분이 현장에 참여한 청중이 되어 투표해 보시기 바랍니다. 여러분이 생각하는 미래는 낙관적인가요? 비관적인가요?

이 공개토론은 참여한 지식인들의 명성과 주제의 중요성 때문에 『사피엔스의 미래』라는 책으로 출간되었습니다. 여기서 간략하게 소개하겠지만 자세한 내용은 책을 참고하시면 좋겠습니다.

먼저, 낙관적인 의견부터 살펴보겠습니다. 세계적인 과학 분야 베스트셀러 작가이자 저널리스트인 매트 리들리Matt Ridley는 미래를 낙관적으로 전망합니다. 인류의 개선은 그동안 점진적으로 이루어져 왔지만 나쁜 소식은 갑작스레 충격적으로 다가오는 경향이 있어 사람들이 사회의 진보보다 위험성을 실제보다 크게 느낀다는 것입니다. 위험성보다 사회의 점진적 발전이 훨씬 큰 영향을 미치고 있는데도 말이지요.

　인류는 매년 조금씩 경제적으로 부유해지고 있고 사람들의 수명도 연장되고 있으며 과거보다 안전하고 민주적인 세상을 살고 있는데도 사람들은 세대를 불문하고 현시대가 어둠의 시대로 가는 전환점에 있다는 위기의식을 갖고 있다고 합니다. 그로 인해 과거는 좋았지만 미래는 암울하다고 여기게 되는 것이지요. 실제 과도기적이고 중요한 시기가 아님에도 자신이 처한 세대야말로 큰 전환점에 있는 특별한 시기라고 믿는다는 것입니다. 하지만 그는 그래도 미래는 살만한 가치가 충분하다고 낙관합니다.

　또 다른 낙관주의자 스티븐 핑커Steven Pinker 교수는 평균수명의 증가, 보건의 개선, 절대빈곤의 축소, 전쟁의 감소, 안전의 강화 등 10개 항목의 자료를 근거로 인류가 분명히 과거보다 나은 방향으로 가고 있다고 주장합니다. 단, 세계가 진보하며 나아지는 것이지 완벽해지는 것은 아니라고 덧붙입니다. 인간과 그를 둘러싼 세상에서 완벽해지기보다 뒤틀린 목재처럼 부족하지만 점차 나아지는 방향으로 가고 있다는 논리이지요.

　그렇다면 반대쪽 의견은 어떨까요? 민저 국내에서도 많은 인기를 얻은 작가 알랭 드 보통Alain de Botton은 이렇게 말합니다.

"현대 사회는 낙관론자들의 주장처럼 지나치게 과학 지상주의와 통제 만능주의에 빠져 있습니다. 인간은 근본적으로 불안정한 존재이기에 어설픈 낙관론의 '파괴성'을 인식해야 합니다. 현재 1등 국가라고 불리는 선진국 시민들은 역사상 가장 물질적으로 풍족한 사회를 살고 있지만 여전히 많은 이들이 불행을 호소하고 해결되지 않은 사회 문제가 많다고 생각합니다. 이는 과학 지상주의가 낳은 과도한 낙관론 때문에 발생한 결과입니다. 이러한 낙관론은 현대인들이 자신의 삶이 완벽해야 한다고 여기게 합니다. 현재에 만족하지 않고 물질의 풍요를 추구하지요. 그 결과, 자기 삶이 행복에서 멀리 있다고 생각합니다."

또 다른 비관론자는 '1만 시간의 법칙'으로 알려진 『아웃라이어』와 『티핑 포인트』의 작가이자 저널리스트 말콤 글래드웰Malcolm Gladwell입니다. 그는 과거에 비해 현재가 좋아졌기 때문에 미래에도 더 나아진다고 믿는 것은 사고의 오류라고 지적합니다. 여기에 더해 인류가 진보한다는 생각은 아주 '유용한 허구'라고 주장했습니다. 과학기술로 생활은 훨씬 더 편리해졌지만 그만큼 위험성은 높아지고 있습니다. 미래에는 99.9%가 진보할지라도 나머지 0.1%가 우리 삶을 아주 비참하게 만들 수 있다고 경고합니다. 그리고 낙관론을 주장하는 사람들이 사회의 소수 엘리트 계층이라는 점도 꼬집었습니다. 인류 역사에서 볼 때 기술 혁명의 수혜는 소수의 전유물이었다는 것입니다. 인간은 근본적으로 불완전한 존재이기에 과학기술이 지속적으로 발전했음에도 불구하고 여전히 더 많은 것을 원하며 자신이 가난하다고 생각합니다.

그 결과, 빈부격차는 커지고 삶의 만족도는 떨어집니다. 그는 마지막으로 인공지능같은 초월적인 기술이 불러올 새로운 위험을 간과하지 말라고 당부합니다.

여기까지가 멍크 디베이트에서 대립한 양쪽의 팽팽한 의견이었습니다. 여러분의 관점은 어느 쪽입니까? 당시 현장에서는 토론 후 인류의 미래를 낙관적으로 보는 관점이 더 늘어났습니다. 찬성 73%, 반대 27%의 결과로 낙관론이 토론에서 이겼습니다. 이로써 기술의 발전이 미래 사회를 진보시킨다는 믿음이 강하다는 사실이 입증되었습니다. 기술발전의 문제점보다 긍정적인 영향력을 훨씬 더 크게 생각하는 것입니다.

우리는 이 토론에서 제시된 다양한 사례와 자료로 미래의 위험과 기회를 동시에 감지해야 합니다. 이때 중요한 것은 미래 사회를 보는 균형 잡힌 시각이죠. 유토피아의 디스토피아의 양면성을 이해하고 현실적이고 거시적인 혜안으로 인류와 지구를 위한 올바른 선택을 해야 합니다.

앞으로 다가올 포스트 코로나 시대를 낙관적으로 보든 혹은 비관적으로 보든 우리의 미래는 불안한 요소와 기회의 장을 안고 서슴없이 다가올 것입니다. 그 결과가 어떤 것이든 변화를 분석하는 자세가 우리에겐 필요합니다. 거대한 팬데믹의 바람이 지나간 자리, 깊이 패인 그 흔적을 냉철하게 살펴야 합니다.

팬데믹이 불러온
패러다임의 변화

"자연과 가까울수록 병은 멀어지고 자연과 멀수록
병은 가까워진다."
_독일의 철학자, 요한 볼프강 폰 괴테Johann Wolfgang von Goethe

초록지구를 복원하기 위한 그린뉴딜 정책

세계적인 지식인들은 코로나19로 인류 사회가 완전히 달라질 것이라고 주장합니다. 세계적인 칼럼니스트 토머스 프리드먼Thomas Friedman은 '세상은 B.C.Before Corona와 A.C.After Corona로 나뉜다'고 말합니다. 이렇게 달라진 세상을 새로운 기준이라는 의미로 '뉴노멀New Normal'이라고 부릅니다. 그동안 우리가 기준으로 삼았던 관점들이 달라진다는 뜻입니다. 2008년 세계 금융위기 전에는 3%의 경제성장이 일상적인 일이었지만, 그 이후부터는 그 정도의 성장이 일어날 수 없는 새로운 기준New Normal이

생겨난 것처럼 말입니다.[2]

　그로 인해 삶의 방식도 달라졌습니다. 세상이 달라진 만큼 크
게 변하는 것은 단지 외관으로 보이는 모습뿐만이 아닙니다.
사람들의 사고구조도 변하고 있지요. 우리는 이를 '패러다임의
변화'라고 부릅니다. 코로나19 팬데믹이 우리 사회를 위협한 이
후 우리는 그동안 간과했던 문제에 경각심을 갖기 시작했습니
다. 특히 자연과 환경에 대한 우려는 정치적 의제로 확대되었
습니다. 환경오염과 기후변화로 위협받는 지구를 목격하고 복
원 불가능한 위기에 처해있다는 사실을 깨달은 것입니다. 이미
오래전부터 환경 보호론자들은 그 위험성을 경고했습니다.

　세계적 기업가 빌 게이츠Bill Gates, 세계적인 배우 레오나르도
디카프리오Leonardo DiCaprio는 미디어에 노출될 기회가 생길 때
마다 기후변화에 따른 심각성을 언급했습니다. 하지만 안타깝
게도 인류는 이를 무시했습니다. 저마다 편리한 삶을 포기하고
싶지 않았고 나 하나쯤이야 하는 생각이 만연했습니다. 기업은
이익을 추구하기 위해 오염을 묵과했으며 국가는 발전을 위해
침묵했습니다. 하지만 코로나 팬데믹을 기점으로 이제 인류는
지구 환경을 우려하고 고민하기 시작했습니다. 패러다임의 변
화가 시작된 것이지요.

서구사회는 이미 적극적으로 패러다임이 전환되고 있습니다. 그동안 경쟁적으로 과학기술을 발전시키는 방식에서 벗어나 지구와 인류를 위한 중요한 가치에 주목하고 성찰하기 시작한 것입니다. 유럽은 이 가치를 정치에도 반영해 독일의 경우 환경보호와 반핵을 기치로 세운 '녹색당'의 지지율이 높아졌습니다. 프랑스, 아일랜드도 녹색당 계열의 정당들이 부상해 연립정부를 만들었지요. 새롭게 취임한 미국의 바이든 정부는 환경을 지키고 지속 가능한 경제성장을 도모하는 '그린뉴딜Green New Deal' 정책들을 내놓고 있습니다.

미래학자 롤프 옌센Rolf Jensen은 글로벌 팬데믹을 예측하진 못했지만, 시대 흐름에 따른 거대한 변화를 아주 오래전에 감지했습니다. 그는 페스트가 15세기 중세 유럽의 사회 시스템과 리더십을 붕괴시켰지만 '르네상스'라는 인류 역사의 전성기를 열었던 것처럼, 21세기도 그런 징후들이 많이 보인다고 했습니다.[3]

롤프 옌센에 따르면, 기술혁신을 바탕으로 인류 역사에 남을 획기적인 시대를 연다는 의미입니다. 새로운 가치관이 등장하고 뛰어난 능력을 지닌 사람들이 새로운 세상을 창조하며 부상합니다. 우리는 그들을 '신르네상스인'이라고 부를 것입니다. 그들은 자신만의 족적을 남기며 새로운 사상과 관념을 불어넣어 줄 것입니다. 인류의 역사는 그들을 위대한 인물로 기록하겠지요.

　오늘도 세계는 '포스트 코로나'를 주제로 담론을 만들어 가고 있습니다. 혁신기술 도입의 가속화와 환경문제가 그 중심에 있습니다. 이 모든 사태의 원인이 우리에게 있음을 부인할 수 없으며 지구의 미래가 달려 있기 때문입니다. 어쩌면 코로나19가 인류에게 성찰의 기회를 준 것인지도 모르겠습니다. 긍정적으로 생각하면 다행스러운 일이라고도 할 수 있습니다. 코로나 바이러스가 인간의 오만함을 감지하고 경고를 준 셈이니까요. 지금까지와는 다른 삶을 살라고 말이죠.

　글로벌 팬데믹의 상황에서도 인간의 삶은 지속되고 인류의 역사는 진행됩니다. 하지만 그 삶은 코로나 바이러스가 경고했듯이 이전과는 다른 각도와 방향으로 진행되어야 합니다. 기술 혁신의 흐름을 읽고 지속 가능이라는 가치를 잘 이해한다면 우리에게 포스트 코로나는 우울하고 암담하기만한 미래가 아닐 수도 있습니다.

　어쩌면 페스트가 15세기의 르네상스 시대를 열었듯이 제2의 문화 운동이 벌어질지도 모릅니다. '부활'을 뜻하는 르네상스의 말처럼 우리는 새로운 생명을 얻어 새롭게 살아가는 미래를 얻게 되겠지요.

코로나 팬데믹이라는 대재앙을 직면하고 있는 지금, 우리는 수백년 전 처참한 재앙 뒤에 새롭게 부활한 사회, 르네상스로 오히려 더 부흥의 시기를 겪은 유럽사회를 다시 한번 고찰하게 됩니다. 지금부터 중세로 돌아가 인류의 대재앙 앞에 무릎 꿇은 인류가 어떻게 다시 부활할 수 있었는지, 그 중심에 어떤 힘이 존재했는지 살피기로 합니다.

미래학자 롤프 옌센Rolf Jensen은 21세기에는 기술발전에 힘입어
다양한 아이디어, 욕구, 도전 의식이 실현되는
멋진 시대가 열릴 것이라고 했습니다.
이것이 바로 제2의 '르네상스 사회Renaissance Society'입니다.

2장

르네상스 소사이어티

위기를 기회로,
르네상스를 맞이하라

"중세의 가치관이 무너지는 사태에 직면했기 때문에
새로운 가치관을 창출해내야 했던 르네상스 시대에는 정치인도
경제인도 모두 창작자가 되지 않을 수 없었다."
_『로마인 이야기』의 저자, 시오노 나나미^{Shiono Nanami}

중세 유럽의 흑사병이 남긴 것

14세기 중반 페스트가 유럽 전역을 휩쓸었습니다. 이 전염병으로 당시 유럽 인구의 약 1/3이 사라졌습니다. 사회질서는 무너지고 사회 시스템은 가동을 멈췄죠. 정치적·경제적 혼란으로 사회에 불만을 가진 사람들이 황제나 교황을 끌어내리려는 시도가 곳곳에서 일어났습니다. 이 시기의 유럽인들은 절망하고 자포자기한 심정이었을 것입니다. 가족과 이웃이 바로 옆에서 페스트로 목숨을 잃었고 자신도 피해갈 수 없는 죽음의 그림자를 안고 있기 때문입니다. 이때 사람들은 교회 묘지에 모여 강

박과 신경증적 증세로 신들린 듯 춤을 추었습니다. 춤을 통해 죽은 사람들과 교감이 이루어질 수 있다고 믿은 것입니다. 광기 어린 이 춤은 예술로 승화되 '죽음의 무도^{Danse macabre}'라 불렸습니다. 이처럼 페스트로 죽음을 경험한 사람들은 삶의 허무함을 느끼고 그동안 철옹성처럼 믿었던 신 중심의 세계관을 벗어나 사람 중심의 가치관으로 전환하게 됩니다.

신에서 인간 중심으로의 사고방식의 변화는 개개인의 자의식을 높이는 계기가 됩니다. 더 넓은 세상으로 과감하게 진출하고 자기를 표현하고 정치에 동참하려는 시민들이 등장하기 시작했죠. 우리가 기억하는 레오나르도 다빈치, 미켈란젤로 등 수많은 예술가도 이때 등장합니다.

이로써 인류는 역사상 최고의 부흥의 시대로 꼽히는 '르네상스'를 맞이하게 됩니다. 다시 말하면 '페스트'라는 대혼란이 중세 봉건 질서를 붕괴시키고 르네상스와 근대를 연 결정적인 시발점이 되었다는 것이지요.

대재앙 이후 찾아온 인류 역사의 찬란한 순간

'르네상스Renaissance'라는 용어는 프랑스어로 '재생', '재흥', '부활'을 뜻합니다. 1858년 프랑스 역사가 쥘 미슐레Jules Michelet가 처음 주도해 사용한 단어로 알려져 있습니다. 쥘 미슐레는 르네상스를 이성, 진리, 예술과 미美를 추구했던 진보적이고 민주적인 사회라고 정의합니다. 역사적 관점에서 보면 중세 시대와 근대가 태동하던 과도기 시대로 여겨지기도 합니다.

무엇보다 르네상스는 고대 그리스 로마 시대의 영광을 부활시키자는 의미로 시작된 움직임입니다. 하지만 최근 학자들은 고대의 재발견은 새로운 것을 만들기 위한 수단에 불과했으며 오히려 새로운 정신과 감성을 표현하기 위해 '고대'의 다양한 시스템을 당대에 적용한 것이라고 주장합니다.[4] 이를 근거로 영남대 박홍규 교수는 르네상스를 고대의 재발견이 아닌 사회를 이루는 '나와 우리'의 새로운 발견이라고 정의합니다.

14세기 중반 페스트로 서유럽 인구는 약 25~35% 감소되었습니다. 이로 인해 노동력은 더욱 부족해졌죠. 이를 보완하기 위해 중세 후기에는 기계로 노동력을 대체하려는 강한 동기가 생겨납니다. 또한, 무역이 팽창하면서 부수적인 사업이 생겨나자

보험이나 은행업이 활성화되었지요. 그 결과, 상업과 은행이 발전한 이탈리아 북부와 중부 피렌체에 부가 집중되기 시작합니다.[5]

부를 축적한 이탈리아 부자들은 문학과 예술을 후원했습니다. 이들이 후원하는 사람들은 중세 후기부터 가죽, 금속, 직물 등의 기계류와 사치품을 전문적으로 만들던 장인들입니다. 르네상스를 대표하는 조각가, 화가, 건축가, 학자들은 대부분 이런 작업장에서 일하던 집안에서 배출이 되었죠. 특히 이때 인쇄업이 발명되어 정교한 필사본이 만들어지기 시작합니다.

독일 마인츠 출신 금세공인 요하네스 구텐베르크Johannes Gutenberg가 1446~1448년 사이에 활자를 만들어 성경을 인쇄하게 되죠. 이 일은 단순히 활자의 보급으로 끝난 것이 아닙니다. '종교개혁'이라는 역사적인 사건을 촉구시키는 계기를 만들어 냈습니다.

당시 활자는 지식의 혁명과 마찬가지였습니다. 사람들은 인쇄된 다양한 내용을 섭렵하고 싶어 했습니다. 인류의 본능이기도 한 지적 호기심이 발동한 것이죠. 이로 인해 인쇄술이 빠르게 보급되고 책이 인쇄되면서 시대의 흐름은 급물살을 타게 됩니다. 페스트로 줄어든 인력을 대체하려는 움직임이 이탈리아에 역사상 가장 큰 부를 안겨준 셈입니다. 열악한 경제적, 기술적 상황이 위대한 문화를 만들어낼 줄 누가 짐작할 수 있었을까요? 극한의 고통에 좌절하고 주저앉았다면 결코 맞이하지 못했을 역사입니다.

인문학을 부흥시킨 르네상스

페스트로 인한 격변을 겪으며 이제 유럽은 신 중심의 사회에서 사람 중심의 문화로 서서히 자리 잡게 되었습니다. 찬란했던 고대 그리스 로마 시대의 인문주의로 복귀하자는 도덕적 개혁 운동은 이탈리아 피렌체에서 발원하고 유럽 전역으로 확대되었습니다.

인문주의가 유럽에 미친 영향은 창조적 문화를 이끌었다는 점입니다. 신학 중심의 대학은 이제 인문학을 가르치기 시작했고 예술과 문학은 신이 아닌 인간과 자연을 그려내기 시작했습니다. 이런 분위기는 개인의 잠재력이 무한하다는 것을 인지하고 그 능력을 최대한 폭발시키는 방향으로 나아갔습니다. 이로써 위대한 개인들이 두각을 나타내게 됩니다. 아무도 희망을 언급할 수 없었던 14세기 흑사병의 창궐과 억압적 사회체제에서도 선구자들은 르네상스를 창조했습니다. 그들은 대부분 역사가이자 철학자, 정치인이자 시인이었습니다. 이들이 보여준 힘은 시대를 뛰어넘어 많은 이들에게 꿈과 희망을 전합니다.

르네상스는 위대한 개인이 모여 이룬 거대한 문화라고 해도 과언이 아닙니다. 이전 시대에 비하면 폭발적이라 해도 좋을 만큼 창의적이고 혁신적인 이들이 배출되었습니다. 그 과정에서 자연스럽게 수많은 걸작이 탄생했지요. 특히 이탈리아 피렌체를 중심으로 위대한 인물들이 많이 나타납니다. 막대한 부를 가진 경제권력자들이 예술가를 후원했기 때문입니다.

일반적으로 르네상스 시기 예술은 13세기 조토나 치마부에로 시작되어 16세기 말 미켈란젤로 같은 베네치아 예술가들의 작품까지를 말합니다. 우리는 그 위대한 인물 중 미켈란젤로Michelangelo를 주목할 필요가 있습니다. 세계적 극작가 로맹 롤랑은 미켈란젤로를 보고 이렇게 말합니다. "천재를 믿지 않는 사람. 혹은 천재란 어떤 것인지를 모르는 사람은 미켈란젤로를 보라."[6]

미켈란젤로는 〈피에타〉, 〈천지창조〉와 같은 인류 역사의 가장 위대한 예술작품을 남겼습니다. 그의 작품들은 후대에 '인간의 열정으로 신을 빚다'라는 평가를 받았습니다.[7] 그런 미켈란젤로의 예술에 대한 칠흑은 남달랐습니다. 그는 밍치와 끌로 대리석을 조각하여 가장 완벽하다고 평가받는 조각 작품들을 남겼습니다. 그는 실제 작업 이전에 자연에서 가져온 대리석을 오랫동안 응시한 것으로 유명합니다. 그 안에 숨겨져 있는 위대한 형태를 발견하고 그저 불필요한 부분을 제거하는 것이 남들과 다른 그만의 조각 방법이었습니다.

그러나 위대한 예술가 미켈란젤로의 삶은 혹독했습니다. 그는 지독하게 외롭고 고된 삶을 살았습니다. 그는 생전에 끝없는 교회의 봉사를 강요받았습니다. 하지만 그에게 중요한 것은 오로지 예술작품을 조각하는 일이었습니다. 그는 자신에게 맡겨진 작품들에 인생의 모든 것을 쏟아부었습니다. 음식을 먹는 것도 잊고 잠도 몇 시간밖에 자지 않았던 것으로 알려진 그는 오직 예술과 인간에 대한 순수한 사랑과 엄청난 열정만을 가지고 있었습니다. 그렇기에 절망적인 상황에서도 자신을 믿고 용기를 낼 수 있었던 것이죠. 그의 예술 세계는 언제나 자유와 정의를 추구하는 르네상스의 인문주의가 담겨 있습니다.

앞서 이야기한 단테와 보카치오 역시 보수적인 문화에서 젊은이들의 생각을 읽어내었는데 이는 르네상스가 일으킨 일종의 문화혁명입니다. 그리고 이런 분위기는 더욱 고조되어 최초의 인문주의자라 불리는 프란체스코 페트라르카^{Francesco Petrarca}를 탄생시킵니다.

페트라르카는 보카치오의 동료였습니다. 그는 처음으로 중세를 일컬어 '암흑의 시대'라고 말한 인물입니다. 인문학을 최우선으로 생각했던 그가 살던 중세의 대학에서는 신학을 가장 중시했으니 그렇게 부를 수밖에 없었겠지요. 그는 철학 역시 개인적인 사색이므로 공적인 이해관계에서 동떨어진다고 보았습니다. 그래서 실용적인 '연설'에 관심을 가졌습니다. 고대 로마 작가 키케로의 수사학과 연설에 집중한 것입니다. 이것이 최초의 인문주의자 페트라르카가 주장한 인문주의의 핵심이었습니다. 진리를 향한 철학적 탐색과 공적인 역할을 수행하기 위해 실용적인 수사학을 결합하는 것이지요. 따라서 그는 문명인이라면 인문학으로 교양을 쌓고 뛰어난 논리를 구사할 수 있는 언어적·수사적 능력을 키워야 한다고 보았습니다.

안타깝게도 페트라르카 같은 인문주의자들은 소수에 불과했습니다. 그들은 떠돌아다니면서 인문학의 중요성을 전달했고 직접 아카데미를 설립하기도 했습니다. 다행스러운 것은 당시 피렌체 장관이었던 콜루치오 살루타티가 인문주의자들의 의견을 받아들이고 인문학을 시민들에게 보급했다는 것입니다. 그리고 과거 찬란했던 이탈리아 로마 시대의 문화를 다시 불러옵니다. 고대 로마의 의상을 입고 축제를 열고 로마식으로 토론하는 문화가 대유행하기 시작한 것이지요.

이와 같은 인문주의 운동은 학자와 철학자, 예술가들의 상상력을 자극하기 시작했습니다. 특히 예술가들에게 많은 영향을 미치게 되는데 그들은 고대인들을 연구하고 그들의 정신과 양식을 자신의 예술 작품에 반영하여 활발하게 작품을 창조했습니다. 이로써 새로운 미학과 새로운 상상력으로 무장한 예술가들은 로마의 정신을 복원하는 것을 넘어 더 위대한 미학적 성취를 이루게 됩니다. 한때는 단순한 중간 기술자 혹은 장인에 지나지 않았지만 이 시기를 거쳐 사회적인 명성과 부를 얻는 대가의 반열에 오른 것입니다.

르네상스의 인간 존중 이념은 이렇게 문화와 예술에서 확립되고 사람들에게 인식되어 갔습니다. 르네상스 시대에 화려하게 꽃피운 인본주의 사상은 오늘날 인권의 발원지가 됩니다.

팬데믹이 창조한
제2의 르네상스

"세상에는 세 종류의 사람이 있다. 보려는 사람,
보여주면 보는 사람, 보여줘도 안 보는 사람이다."

_레오나르도 다빈치 Leonardo da Vinci

포스트 코로나 시대의 변화

한자어 위기危機는 위험한 상황을 말합니다. 그런데 글자 하나
하나를 뜯어보면 의외의 뜻을 담고 있습니다. 위기의 위危는 '위
험하다', '위태롭다'라는 뜻을 담고 있고 기機는 '계기', '기틀', '실
마리'를 뜻합니다. 중국어에서 위기는 위험과 기회를 뜻하는 말
로 '위험을 기회로 전환시킨다'는 의미를 담고 있습니다. 바로
'전화위복轉禍爲福'을 말하고 있죠. 독일 총리인 앙겔라 메르켈은
아시아 유럽 정상회의에서 '현재 우리는 세계에서 가장 심각한
경제위기 중 하나에 직면하고 있다'고 연설하면서 한자의 '위기'

의 뜻풀이를 인용했습니다. 위기를 기회로 삼자는 이야기를 한 것이죠. 역사 속에서도 우리는 위기가 기회가 되는 상황을 찾을 수 있습니다.

르네상스가 부흥한 시기는 페스트 이후입니다. 역사적인 변곡점에 새로운 사상이 나타나 유럽 전역에 커다란 변혁을 일으킵니다. 암벽과 같이 굳건했던 기존 사회체계가 급격하게 무너지면서 다양한 환경에서 새로운 지식을 갖춘 사람들이 폭발적으로 나타났습니다. 이를 통해 많은 학자는 글로벌 팬데믹을 겪는 현재의 인류도 노력에 따라 새로운 르네상스를 꽃피울 수 있다고 전망합니다. 전 세계적인 혼동의 시기에 문명적 대변혁을 기대하는 것입니다. 미래학자 안종배 교수도 팬데믹으로 전 세계는 당분간 혼란기를 거쳐 뉴New 르네상스를 맞이할 수 있다고 전망했습니다.[8]

그는 또한 인공지능과 디지털에 기반을 둔 4차 산업혁명이 가속화되는 사회를 예측하며 과학기술 만능주의와 물질중심주의는 약화되고, 인간의 행복과 생명 가치가 중심이 되는 변혁이 찾아올 것을 예고했습니다. 이제 인류는 그동안 줄기차게 매달렸던 기술혁신에서 우회해 환경과 자연의 가치에 중점을 두고 지구를 위한 미래 지향적 발전을 꾀할 것입니다.

미래학자 롤프 옌센Rolf Jensen은 21세기에는 기술발전에 힘입어 다양한 아이디어, 욕구, 도전 의식이 실현되는 멋진 시대가 열릴 것이라고 했습니다. 이것이 바로 제2의 '르네상스 사회Renaissance Society'입니다. 기술혁신으로 대량 생산 체제의 기계적인 노동에서 벗어나 능동적으로 소비하면서 미래의 가치를 위해 공생하는 방법으로 전환한다는 것입니다. 코로나19가 사람들에게 그동안 간과했던 문제들에 위기의식을 갖게 했기 때문이지요.

지금껏 봐 왔듯이 인간은 위기가 닥치면 새로운 패러다임을 모색합니다. 이전에 보지 못했던 것을 새로이 발견하며 시야를 넓히고 사고를 확장하는 것입니다. 자연 탐구, 가치 연구, 실존의 의미를 깊이 있게 사색하지요. 이를 토대로 새로운 방향으로 사회를 재창조하고자 합니다. 그렇기에 르네상스를 여는 사람들은 다소 이단적인 성향을 가졌다고 볼 수 있습니다. 그런만큼 다름을 인정하고 수용하는 정신이 중요합니다. 마음을 열고 다른 시각을 가진 사람들을 인정해주는 개방적인 자세가 우리에게 필요합니다. 개인이 가진 잠재력을 꽃피우고 상상을 현실로 창조해낼 때 새로운 미래가 열리는 것이니까요.

그렇다면 앞으로 우리가 맞을 제2의 르네상스는 어떤 사회를 예견할까요? 경희대 김재인 교수는 기후위기와 인공지능 그리고 코로나19, 이 세 가지가 현대 사회를 해체할 수 있는 결정적인 요소라고 주장합니다.[9] 그리고 미래학자 롤프 옌센은 미래 사회의 성격을 크게 세 가지로 정의합니다. 기술발전에 따른 위험성이 커지는 리스크 소사이어티Risk Society, 지속 가능한 그린 소사이어티Green Society, 꿈과 이야기를 파는 드림 소사이어티Dream Society입니다. 이를 이해하고 그 흐름에 맞춰 변화하는 국가와 개인에게 장밋빛 미래가 찾아온다고 장담하죠. 지금부터는 이 키워드를 중심으로 어떻게 포스트 코로나 시대가 펼쳐질지 예측해 보겠습니다.

포스트 코로나 시대를 결정지을 첫 번째 키워드 : 리스크 소사이어티

롤프 옌센은 첫 번째로 리스크를 중점적으로 봤습니다. 미래에는 기술발달에 따라 인간 능력이 향상되어 과거에는 생각할 수 없을 정도의 파괴력을 가진 사건들이 발생한다고 예견합니다. 기술이 발전하는 만큼 위험성이 높아진다는 것이지요. 그러므로 발생 가능한 위험을 예방하고 체계적으로 대비하는 능력이 요구됩니다. 그렇다면 21세기를 위협하는 리스크는 어떤 것이 있을까요? 단순히 인류를 위협하는 자연재해나 경제적인 위기가 아닙니다. 바로 초고난도의 과학기술입니다.

진화 생물학, 역사학, 경제학 등 각 분야에서 활약하는 세계적인 석학들은 『초예측』이라는 책을 통해 미래를 결정짓는 요인은 '인공지능'과 그에 따른 '격차'라고 보았습니다. 즉, 미래 사회의 격차는 인공지능에 의해 생긴다는 결론입니다.[10]

뉴욕타임스의 칼럼니스트인 토머스 프리드먼Thomas Friedman은 20세기 말에서 21세기 초 컴퓨터와 인터넷 등 정보 통신 기술이 사람과 사물들을 연결했고 그로 인해 세계는 '평평'해졌다고 주장했습니다. 그 뒤를 이어 '인공지능'의 제4차 산업혁명이 미래를 결정짓는 핵심적인 역할을 한다고 전망합니다. 인공지능이 의료, 교육, 서비스, 여가 등 모든 부분에서 영향을 미칠 것이기 때문입니다. 그렇게 되면 우리의 '일'과 '여가'의 패턴이 완전히 바뀌겠지요.

『사피엔스』의 저자 유발 하라리Yuval Harari는 가까운 미래에 인공지능이 더 발달하면 대다수 인간이 정치적, 경제적 가치를 상실한 '무용 계급Useless Class'으로 전락할 것이라고 경고합니다. 그는 인공지능이나 지능형 로봇의 등장으로 오늘날 존재하는 직업이 30년 이내에 사라질 것이라고 단언하죠. 사업가들은 인간보다 효율성은 높으면서 휴식시간을 요구하지 않고, 노동조합도 만들지 않는 인공지능이나 로봇을 선호할 것입니다.

이제 인간에게 닥칠 위기는 현실이 됩니다. 비관적으로 본다면 인공지능에 비견할만한 높은 기술능력을 가진 소수의 신인류와 그렇지 못한 무용 계급, 호모 사피엔스로 계층이 나뉠 수도 있습니다.

『총,균,쇠』의 저자이자 문화 인류학자 제레드 다이아몬드Jared Diamond는 인공지능으로 대표되는 최첨단기술은 개인뿐만 아니라 국가 간 격차도 심화시키며, 전 사회적인 문제로 확대된다고 보았습니다. 또한 『슈퍼인텔리전스』의 저자이자 오늘날 가장 주목받는 인공지능 사상가 닉 보스트롬Nick Bostrom은 최근 수년간 인공지능 기술이 상상을 초월할 정도로 빠르게 발전해서 그 등장 시점이 예상보다 앞당겨졌다고 말합니다. 그러므로 인공지능 기술 도입의 초기에 있는 현재 인류가 인공지능에 대한 설정값을 제대로 확립해야 한다고 피력합니다. 그렇지 않으면 현생 인류는 인공지능의 장악으로 지구상에서 멸종할 수 있다고 경고하죠.

하버드 대학 경제학 박사인 타일러 코웬Tyler Cowen도 비슷한 주장을 했습니다. 4차 산업혁명은 평균으로 대변되는 중간층을 소멸시켜 양극화를 발생시킨다고 말하며, 인공지능과 같은 지능형 기계가 출현하면서 '평균의 시대는 끝났다.'라고 선언했습니다. 기계가 사람들의 일자리를 대체하기 때문이죠. 인공지능을 활용하는 소수의 사람은 더욱 부자가 되고 기계에게 일자리를 빼앗긴 사람은 빈곤층으로 전락할 수밖에 없다는 것입니다. 이런 상황을 '능력 지상주의 세상Hyper-meritocracy'이라고 표현합니다.[11]

인공지능에 대한 세계 석학들의 경고는 엄중하며 공포스럽기까지 합니다. 그만큼 인공지능 기술은 전례 없이 강력하고 그 파급력이 상상할 수 없을 정도라는 반증이겠지요. 공상과학 속 아주 먼 미래 같이 느껴졌던 현실이 글로벌 팬데믹 사태로 일상화되고 있습니다. 인공지능과 로봇을 넘어 사이보그가 마치 인간처럼 CF에 등장해 자신의 일상을 광고합니다. 어디 그뿐인가요. 빅데이터는 이용자의 취향에 맞춰 좋아할 만한 영상과 음악을 추천해주고 좋아할 만한 장소와 취미도 찾아줍니다. 막연하게 이를 편리함으로 관망해서는 안 됩니다. 지금이라도 당장 인공지능과 로봇이 유발할 사회적 격차에 대한 논의를 시작해야 합니다.

기술의 편리함에 빼앗긴 삶의 의미

리스크 소사이어티의 위험성은 일자리나 인간의 유능함을 인공지능에 빼앗기는 것만을 의미하지는 않습니다. 세계적인 IT 미래학자인 니콜라스 카^{Nicholas Carr}는 '현대 사회는 물질적 풍요와 기술적 경의의 시대이지만 동시에 목표 상실과 우울함의 시대'라고 말했습니다. 그는 기술이 가져다준 편리한 삶이 우리를 그 안에 가둔다고 합니다.[12] 인공지능과 기계가 위협적인 것은 세상과 진정으로 소통하는 삶의 의미를 묵살하기 때문이라는 것이죠. 인공지능과 기계에 대체되는 인간은 쉽게 공허해질 수밖에 없습니다. 스스로 생각하고 의미 있는 일을 할 때 얻을 수 있는 행복과 만족감을 상실하기 때문입니다. 우리는 기술을 통해 원하는 것을 더 쉽게 이룰 수 있지만, 그 노동의 과정에서 알게 되는 정체성 획득의 기회를 잃게 됩니다. 그래서 기술의 노예로 전락하기 전에 이 문제를 시급히 성찰해야 합니다.

『마인드 체인지』의 저자 수전 그린필드^{Susan Greenfield}는 디지털 기술은 현재 논란의 중심에 있다고 말합니다.[13] 이는 전 세계적인 현상인데 인간 본성과 미래의 삶을 변화시키는 과학기술 그 자체의 문제가 아니라 과학의 발전이 우리의 뇌와 생각, 인격에 미치는 영향 때문이라고 주장합니다. 더불어 인간의 자아는 새롭고 강력한 과학기술에 의해 위협을 받고 있다고 주장합니다. 우리가 행복하다고 느낄 수 있는 사회관계가 과학기술로 단절되었는데도 그 심각성을 모른 채 익숙해져 가고 있다는 것이지요.[14]

로봇공학 연구자 한스 모라벡Hans Moravec은 앞으로 지구를 지배하게 될 주인은 생물학적 존재의 인간이 아니라, 인간의 정신적 유산을 물려받은 인공지능의 존재들이라고 말합니다.[15] 이 존재는 '로봇 사피엔스'입니다. 그는 2040년경이 되면 사람처럼 보고 말하고 행동하는 기계가 출현할 것이고 놀라운 속도로 인간의 능력을 추월해, 2050년경이면 지구의 주인은 로봇으로 바뀔지도 모른다고 말합니다. 로봇이 인류 다음의 세대이며 이들을 '마음의 아이들'이라고 지칭했습니다. 이런 모라벡의 언급에 세상은 충격에 빠졌습니다. 최첨단 과학기술의 극단적인 미래를 보았기 때문입니다. 상상할 수는 있지만 상상하기 싫은 미래를 목격한 것이죠. 인간 세상을 지배하는 기계를 인류가 반길 리 없으니까요.

이처럼 기술혁신으로 우리가 직면할 위험성은 다양합니다. 일자리나 사회적 격차뿐만 아니라, 삶을 살아가는 진정한 의미나 행복, 만족감, 즐거움, 성취감도 위험에 노출되게 됩니다. 따라서 포스트 코로나 시대를 준비하는 우리는 현명하게 미래를 맞이할 대안을 논의해야 합니다. 편협한 사고나 한쪽에 편중된 시선은 위험합니다. 다양한 관점으로 보이지 않는 부분까지 통찰할 수 있는 혜안을 갖춰야 합니다.

포스트 코로나 시대를 결정지을 두 번째 키워드 : 그린 소사이어티

토머스 프리드먼은 매일경제와의 인터뷰에서 "세계는 더 평평해졌고 동시에 취약해졌다. 지정학적 팬데믹(9·11테러), 금융 팬데믹(글로벌 금융위기), 생물학적 팬데믹(코로나19)에 이은 팬데믹은 생태학적 팬데믹으로 기후변화가 초래할 것"이라고 강조했습니다.[16]

그의 경고대로 지구는 현재 최악의 생태학적 위기를 겪고 있습니다. 환경 오염으로 이상기후는 재난수준으로 다가오고 생태계 파괴로 원인을 알 수 없는 바이러스가 출현했죠. 이로 인해 우리는 코로나19라는 글로벌 팬데믹 시대를 살게 되었습니다. 우리가 취할 수 있는 모든 조치인 백신 접종, 국경 폐쇄, 집합 금지, 격리에도 불구하고 바이러스는 그 위력을 과시하며 확산되고 있습니다. 성난 자연의 압도적인 힘 앞에 인간이 무력하다는 사실을 새삼 깨닫게 됩니다. 우리는 어쩌면 토머스 프리드먼의 경고처럼 코로나 바이러스 보다 더 큰, 상상도 하지 못할 또 다른 팬데믹을 앞두고 있는지도 모릅니다.

이러한 우려는 그린 소사이어티 라이프를 실행해야 한다는 롤프 옌센의 주장에 힘을 실어줍니다. 미래를 위해 지속 가능한 생산과 소비, 생활방식을 추구해야 한다는 것이지요. 이제 포스트 코로나 시대에는 '지속 가능'이라는 키워드를 중심으로 새로운 가치관을 가진 개인과 기업, 국가가 힘을 모을 때입니다.

닭장 플렉스Flex를 아십니까?

플렉스Flex는 '몸을 풀다'라는 뜻의 영어 단어입니다. 1990년대 래퍼들이 자신의 집이나 값비싼 명품, 자동차로 재력을 자랑하는 모습에서 유래된 표현으로 최근에는 SNS를 중심으로 재력을 과시하거나 '뽐내다'라는 의미로 쓰이고 있습니다. 그렇다면 닭장 플렉스라는 말은 닭장으로 재력을 과시한다는 표현인데요, 이것은 실제로 현재 미국에서 일어나고 있는 현상입니다. 그것도 최첨단기술의 심장이자 세계적인 거부들이 모여있는 실리콘밸리에서 말입니다.

실리콘밸리에 거주하는 사람들에게 최근 '닭'이 자신의 지위와 재력을 드러내는 수단으로 떠오르기 시작했습니다. 이들은 직접 자신의 마당에서 닭을 키워 달걀을 얻습니다. 자녀들의 교육적 측면과 생태주의적 환경 조성, 건강한 식재료까지 얻는 실리추구 효과까지 보고 있습니다. 과거 시골집에서 흔히 볼 수 있었던 닭 사육이 최첨단의 도시에서 플렉스로 작용하다니 몹시 흥미로운 일입니다. 하지만 이 닭장을 우리가 시골 할머니 댁에서나 보는 그런 흔해 빠진 닭장으로 착각하면 곤란합니다.

실리콘밸리의 닭장은 최첨단으로 제작됩니다. 친환경적인 목재를 사용하고 태양광 패널에 CCTV나 보안장치까지 설치되어 있습니다. 닭장의 온도와 습도, 조명은 스마트폰으로 실시간 조절이 가능합니다. 파랑, 녹색, 갈색 등 다채로운 색조의 달걀을 낳는 닭이 인기가 많은데 그 이유는 그 달걀이 자신의 마당에서 나온 것임을 강조하기 위해서라고 합니다. 값비싼 실리콘밸리의 땅에 닭장을 지을 정도로 공간적 여유가 있다는 것만으로도 부러운데 자연스레 친환경적인 생활도 즐길 수 있으니 일거양득이라 할 수 있겠습니다. 역설적으로 생각하면 고도로 발달한 도시에선 오직 부자들만이 친환경적인 삶을 누릴 수 있다는 것이라 씁쓸한 면도 있긴 합니다.[17]

10대 환경운동가의 연설이 바꾼 세계적 변화

"세계는 깨어나고 있습니다. 당신이 좋아하든 아니든
변화는 오고 있습니다."

10대 환경운동가인 그레타 툰베리Greta Thunberg의 연설입니다. 그녀는 연설 영상에서 분노어린 목소리로 '경제성장이라는 목적 때문에 생태계가 무너지고 있으며, 자연은 멸종에 처해 자신의 어린 시절과 꿈을 빼앗겼다'고 항변합니다.[18]

세계는 이 스웨덴 출신의 청소년 환경운동가의 연설에 뜨거운 반응을 보였습니다. 세계 지도자들은 서둘러 환경문제를 언급하기 시작했고 사람들은 그 심각성에 관심과 주의를 기울이기 시작했습니다. 세계를 일깨운 그녀는 16세에 노벨 평화상 후보에 올랐으며 국제 어린이 평화상을 수상했습니다.

평범했던 이 소녀는 수업 시간에 해양 오염 문제를 다룬 영화를 보며 완전히 다른 삶을 살게 됩니다.[19] 특히 툰베리는 아스퍼거 증후군, 고기능 자폐 장애, 강박 장애, 거식증을 겪었던 소녀입니다. 그럼에도 그녀는 환경을 위해 과감히 행동에 나서기로 결심합니다. 2018년 8월 매주 금요일 '기후를 위한 등교 거부'라는 1인 시위를 시작했는데 이 시위는 전 세계로 퍼져 나가

133개국의 청소년 160만 명이 동참하는 '미래를 위한 금요일' 캠페인이 되었습니다. 그리고 기후변화를 위한 대책 마련을 촉구하는 운동으로 확대되었습니다.

녹색당, 유럽 정치계의 태풍의 눈이 되다

환경문제는 세계 정치권으로도 번지고 있습니다. 독일에서는 16년간 집권한 앙겔라 메르켈^{Angela Merkel} 독일 총리의 후임자를 결정하는 총선에서 녹색당은 3위를 기록했습니다. 녹색당이 일으킨 환경 보호에 대한 관심은 이제 정치권 전역으로 서서히 옮겨가고 있습니다. 이를 보면 독일인들이 미래지향적, 친환경적 문제를 고민하는 정치에 많은 기대를 걸고 있다는 걸 알 수 있습니다. 환경보호를 정책으로 내세우는 녹색당이 이렇게 높은 지지율을 얻는다는 것은 우리에게 많은 의미를 던져줍니다. 독일 뿐만이 아닙니다. 녹색당의 열풍은 전 유럽으로 확산되고 있습니다. 2020년 6월 프랑스 지방선거에서 녹색당 시장 후보들이 주요 대도시에서 승리했습니다. 오스트리아와 아일랜드에서도 녹색당이 우파 정당들과 연립정부를 구성하면서 정치의 핵심세력으로 부상했습니다. [20]

프랑스 제3의 도시, 리옹에서는 환경운동가 출신의 녹색당 시장이 학교 급식에서 육류를 빼겠다고 선언하기도 했습니다.[21] 이러한 현상이 언제까지 유지되고 현실화될지 지켜봐야 겠지만 환경에 대한 중요성을 인식한 변화임에는 틀림없습니다. 이제 환경문제는 인류가 직면한 위기이기 때문입니다.

바이든 행정부의 '그린뉴딜'

2021년 취임한 미국 조 바이든Joe Biden 대통령은 코로나19로 침체된 경제에 활력을 불어넣기 위해 '그린뉴딜'을 국정철학으로 정했습니다. 이후 미국은 바이든 행정부 출범에 맞춰 대대적인 친환경 정책을 시행하고 있습니다. 트럼프 전 대통령이 탈퇴한 파리기후협정에 재가입하고 2050년까지 '온실가스 배출 0'을 목표로 하는 등의 프로젝트입니다.[22]

이런 미국의 정책선언에 따라 전 세계 기업들과 주요 동맹국들도 변화를 모색하고 있습니다. 특히 ESG를 강조하는 새로운 경제 지형이 주목받고 있습니다. ESG는 기업의 경영활동에서 비재무적 요소로 꼽히는 환경Environment, 사회Social, 지배구조Governance를 뜻하는 말입니다. 과거 ESG는 기업의 경영활동에 있어 언제나 후순위였습니다. 하지만 글로벌 팬데믹과 미디어 시대가 열리면서 환경과 사회에 기여하는 기업의 ESG 활동이 주요 이슈로 대두되었습니다. 피할 수 없고 모면할 수 없는 책임이 따르기 때문이지요. 이제 소비자는 친환경적이고 사회에

윤리적으로 기여하는 기업의 제품과 서비스를 더 높게 평가합니다. 기업들이 마케팅에 ESG의 가치를 부여하며 사회에 유익함을 먼저 생각해야 하는 이유입니다. 소비자 없이 기업이 존재할 수 없고, 오염된 환경에서 인류가 살아갈 수 없다는 사실을 기억해야 합니다.

'그린스완'이 온다

코로나19는 기후변화와 생태계 붕괴로 초래되는 사태의 심각성을 절실히 느끼게 해주었습니다. 수요와 공급 및 무역과 공급망 붕괴 등으로 인한 금융위기보다 팬데믹이 경제에 미치는 영향이 훨씬 더 강력함을 알게 되었지요. 이를 경제계에서는 '그린스완'이라고 부릅니다. 그린스완은 경제용어에서 나온 '블랙스완'이라는 말을 변형한 것이지요.

'블랙스완'은 월가의 투자전문가인 나심 니콜라스 탈레브가 그의 저서 <블랙스완>에서 일컫은 말입니다. 이는 극단적으로 예외적이어서 발생 가능성이 적어 보이지만 만약 발생하면 세계 경제에 엄청난 충격을 가져오는 상황을 뜻합니다. 블랙을 그린으로 바꾼 그린스완은 기후변화가 가져오는 위협적인 경제적 위기를 말합니다. 『그린스완이 온다』의 저자 김대호 한국 그린 파이낸스연구소 대표는 그린스완이 몰고 올 환경적·경제적·사회적 충격은 블랙스완과는 비교조차 되지 않을 것이라고 경고합니다. 이제 전 세계는 '기후변화 대응'과 '경제성장'을 함께 모색해야 합니다. 이것이 바로 '그린스완'으로 환경 위기를 맞은 지구에 반드시 필요한 새로운 비즈니스 모델입니다.

포스트 코로나시대를 맞이하는 사람들은 도시를 벗어나 자연과 가까워지기를 원합니다. 기술의 발달과 경제성장에 몰두했던 우리는 삶에서 진짜 소중한 것이 무엇인가를 서서히 깨닫고 있는 중이죠. 자연이 파괴되면 인간도 살 수 없다는 단순하고도 명쾌한 진리를 이제야 확인했습니다. 비슷한 맥락으로 우리는 굳이 멀리 있는 자연이 아니더라도 내 삶의 터전에 초록 식물을 가까이 두면서 점차 자연과 더불어 사는 일상을 추구하려 합니다. 또 자연을 지키려는 기업을 응원하며 오염을 줄이는 제품을 선호하기 시작했습니다. 이제 우리는 사회의 곳곳에서 그린 소사이어티를 목격할 수 있습니다. 우리의 변화만이 지구 환경을 회생시킬 수 있다는 믿음이 작용하기 시작한 것입니다.

포스트 코로나 시대를 대비한 세 번째 키워드 :
드림 소사이어티

롤프 옌센이 마지막으로 주목한 것은 드림, 꿈입니다. 미래 사회가 알 수 없는 위험이 도래하고 환경이 파괴되는 부정적인 면모를 보이지만 그럴수록 우리는 행복과 꿈을 노래해야 합니다.

코로나 시대에 전 세계 사람들은 이동을 통제당하고 집합을 금지당했습니다. 그래도 사람들은 여전히 어딘가에서 모임을 갖습니다. 그리고 그중에서 가장 많은 사람이 모인 곳은 유튜브Youtube와 넷플릭스Netflix라는 가상공간입니다. 사람들은 이곳에서 관심 있는 콘텐츠를 시청합니다. 언제 어디서든 시청 가능하다는 장점이 있기에 자신이 원하는 시간에 원하는 장소에서 플레이시킵니다. 전 세계 수십억 사람들이 하나의 플랫폼에 모이는 것이지요. 그리고 같은 콘텐츠를 즐기며 댓글로 소통합니다. 이제 사람들은 이런 가상공간에서 즐거움과 행복감을 찾습니다. 시대의 흐름에 따라 개인은 경제적인 여유보다 삶에 의미를 더해주는 것들에 더 많은 관심을 가집니다. 이런 행복은 소소하고 작지만 큰 의미를 지니죠. 유튜브와 넷플릭스의 부상도 그런 맥락입니다. 매력적인 소재를 만들어내는 기업과 개인이 높은 부가가치를 창출해 내죠. 이제 기업들은 거창하고 무거운 주제를 던지는 콘텐츠보다 일상의 소소한 재미와 즐거움을 줄 수 있는 요소를 찾아다니기 시작했습니다.

미래의 선망 직업 1위, 콘텐츠 크리에이터

최근 어린이와 청소년을 대상으로 장래희망을 조사하면 '콘텐츠 크리에이터'가 1위를 차지합니다.[23]

'콘텐츠 크리에이터'란 미디어 플랫폼 서비스(유튜브, 트위치TV, 아프리카TV, 팟캐스트, 페이스북 등)에 콘텐츠를 제작해 올리고 수익을 창출하는 직업입니다.

세계적인 게임 스트리머 닌자의 경우는 2019년 〈타임TIME〉지가 선정한 세계에서 가장 영향력 있는 100인에 들기도 했습니다. 그는 전 세계 4,000만 명의 팬을 보유한 세계적인 e스포츠 선수로, 트위치와 유튜브에서 엄청난 영향력을 가지고 있습니다. 그가 마이크로소프트사의 '믹서'라는 게임 플랫폼으로 이적할 때 이적료는 약 600만 달러(당시 약 66억)에 달했습니다.[24] 오랜 전통을 가진 스포츠보다 더 높은 부가가치가 콘텐츠 시장에서 창출되는 것입니다.

다양화된 미디어 환경에 노출된 사람들은 이제 동일한 시간에 뉴스를 보기 위해 TV를 켜거나 한자리에 모여 국민 드라마를 보지 않습니다. 방송사에서 제작한 정형화된 콘텐츠보다 친근한 유튜버가 자신의 일상을 올리는 평범한 브이로그를 더 많이 시청합니다. 그래서 대학에서는 1인 방송 제작자를 양성하는 학과가 개설되고, 여러 교육 기관에서도 그와 같은 움직임들이 나타나고 있습니다. 어린이와 청소년들은 과거의 틀에 박힌 직업보다 자신이 즐기면서 할 수 있는, 콘텐츠 크리에이터라는 직업에 시선을 돌리기 시작했습니다.

꿈과 이야기를 파는 감성 사회, 드림 소사이어티

정보화 사회 이후는 '이야기'를 바탕으로 한 기업과 개인이 주목받는 새로운 사회가 열릴 것입니다. 이성이 아니라 감성에 호소하며 이야기와 화술, 꿈이 전면에 재등장하게 되지요. 롤프 옌센은 이런 사회를 '드림 소사이어티'라고 정의했습니다. 인간성의 영적 측면이 다시 복원되며 예술, 아름다움, 사랑, 상상력의 가치가 높게 평가되는 시대를 말합니다.[25] 드림 소사이어티로의 진입은 물질주의 시대에서 탈물질주의 시대로의 전환을 의미하기도 합니다. 그동안 1, 2, 3차 산업혁명이 가난과 빈곤을 극복하고 풍요를 추구하는 물질주의의 시대였다면, 4차 산업혁명부터는 탈물질주의 시대가 열리며 행복이 우선순위에 오른다는 뜻입니다.

앞으로 인류는 인공지능과 로봇이 육체노동을 대신해 주는 사회에서 살아가게 될 것입니다. 그 시대에는 기계가 인간 노동의 99%, 인공지능이 인간의 지적 노동 99% 이상을 대체할 수 있습니다. 이제 인간은 오직 즐거움을 위해 근력을 사용하고 사람들을 매료시키는 이야기를 만드는 데 뇌를 사용할 것입니다. 이미 이런 흐름은 문화산업에서 진행 중입니다. CF, 영화, 게임, 애니메이션, 1인 콘텐츠 등 스토리가 담긴 문화산업이 활성화되고 있는 것이 그 증거입니다.

앞으로 누군가의 꿈과 이야기를 다루는 것은 매우 중요해질 것입니다. 아주 오래전 구술문화 시대에는 전문적으로 이야기를 들려주던 직업이 있었고 이야기꾼들은 미지의 세계를 들려주며 환상과 꿈을 심어주었습니다. 많은 종교지도자도 이야기의 형식(신화, 전설, 교리)으로 세상을 살아가는 원동력을 제공하였습니다. 기업은 감동적이거나 재미있는 이야기를 기꺼이 구입해 제품과 서비스에 담아 판매하고자 합니다.

우리가 일궈 온 혁신적인 기술 뒤에는 '꿈'이 담겨 있었습니다. 비행기도 한때는 꿈의 기술이었고, 스마트폰도 마찬가지였습니다. 소비자는 이야기가 담겨 있는 제품에 높은 가치를 부여하고 이를 기꺼이 구매합니다. 앞으로는 이런 현상이 더 크게 작용해 감정을 대상으로 하는 시장이 물리적 상품을 취급하는 시장보다 성장할 가능성이 훨씬 큽니다.

포스트 코로나 시대에는 사회 전반에 걸쳐 드림 소사이어티의 성격이 더욱 강화될 것입니다. 사람들은 점점 더 흥미로운 이야기를 찾기 시작했고 시장은 이미 변화하고 있습니다. 자동화 기계를 이용해 더 많은 제품을 생산하는 것보다 제품에 이야기를 만들어 포장할 줄 아는 사람이 미래를 지배할 겁니다. 이것이 롤프 옌센이 예측한 드림 소사이어티의 핵심입니다.

팬데믹이 창조한 신인류,
르네상스형 인간

"나무판자를 가져와 가장 얇은 부분을 찾아 드릴이 쉽게 들어가는 부분에 수많은 구멍을 뚫는 과학자들을 나는 견딜 수가 없다."
―알버트 아인슈타인Albert Einstein

르네상스를 만든 정신

『로마인 이야기』의 저자 시오노 나나미는 르네상스는 중세의 가치관이 무너지는 시대이기 때문에 반드시 새로운 가치관이 창출돼야 한다고 강조했습니다. 이로 인해 정치인도 경제인도 학자도 상공업자도 모두 새로운 사고를 해야 하는 창작자가 될 수밖에 없었죠.

『르네상스형 인간』의 저자 마거릿 로벤스타인Margaret Lobenstine 은 이러한 유형의 사람들을 '르네상스적 정신Renaissance soul'을 깃춘 '르네상스형 인간'이라고 불렀습니다. 이들은 여러 분야에 관심을 가지고 자신의 잠재력을 최대한 발휘하고자 했습니다. 생소한 주제나 낯선 상황을 두려워하지 않고, 만족할 때까지 새로운 도전을 즐겼지요. 열정적으로 다른 분야를 개척하려는 의지도 가지고 있었습니다. 수많은 실패에도 아랑곳하지 않고 끊임없이 도전을 하던 다빈치처럼 말이죠.

영국 퀸메리 런넌대학교의 르네상스학부 교수인 제리 브로턴Jerry Brotton은 르네상스의 대표적인 인물들이 학자이면서 동시에 세속적인 인사이고, 자신의 지식을 명성과 야망을 추구하는 데 사용할 줄 아는 '신인류'라고 평가합니다. 그는 르네상스 인문주의는 노골적으로 실용주의적 성격을 띠었다고 밝히고 있죠.[26] 그로 인해 르네상스가 행동하고 창조하는 인간 '호모 파베르Homo Faber'를 탄생시켰다고도 보고 있습니다. 레오나르도 다빈치와 미켈란젤로를 비롯한 르네상스의 위대한 작가들의 예술 작품은 호모 파베르가 구상한 창조와 발명, 연구와 도전으로 이루어졌다는 것이지요.

영문학박사인 찰스 밴 도렌Charles Van Doren은 '르네상스인'은 여러 가지 업적을 세운 사람을 가리키며 다양한 분야를 많이 알고 이를 결과물로 만든 사람이라고 평가했습니다.[27] 〈타임〉지 편집장이었던 월터 아이작슨Walter Isaacson 역시 레오나르도 다빈치를 르네상스인의 전형이라고 평가하며 예술, 과학, 기술, 상상력을 결합하는데 탁월한, 창의성의 상징적인 인물이라고 말합니다.

레오나르도는 사생아이자 동성애자였고, 채식주의자에 왼손잡이였으며 산만한 이단아였지만 15세기 피렌체의 개방성이 그를 포용했습니다. 그리고 자유로운 분위기에서 엄청난 잠재력을 꽃피울 수 있게 도왔습니다.[28] 스마트폰이라는 새로운 문화를 만든 애플의 창업자 스티브 잡스Steve Jobs도 레오나르도 다빈치를 자신의 영웅으로 꼽았습니다. 그의 천재성은 다양한 학문을 융합하는 능력에서 나왔다고 했습니다. 마이크로 소프트의 창업가 빌 게이츠Bill Gates는 72쪽 분량의 레오나르도 노트(코덱스 레스터)를 구하기 위해 3,080만 달러(약 350억)를 지불하며 다빈치를 역사상 가장 매혹적인 사람이라고 평가했습니다. 미래학자 자크 아탈리 역시 레오나르도와 같은 르네상스형 인간을 '인생의 주인'이 되는 사람이라고 정의합니다. 시대를 초월해 인생 경험을 바탕으로 자신의 주체를 찾는데 성공한 사람이기 때문입니다.

포스트 코로나 시대에 요구되는 인재상도 마찬가지입니다. 아무도 가보지 않은 미래를 개척하고 주도하는 사람이 현대의

'르네상스형 인간'입니다. 스스로 정체성을 선택하고, 자신이 원하는 방식으로 살아가기 위해 적극적으로 기술을 받아들이고 활용할 줄 알아야 합니다. 다행히 현재 실리콘밸리에는 다빈치와 같이 저돌적으로 인생을 개척해 나가는 인재들이 많이 모여있습니다. 이들은 암흑의 시대에서 삶을 재창조했던 르네상스인들처럼 기존질서에 순응하기보다 문제점을 지적하고 대안을 모색합니다.

현재 실리콘밸리에서 가장 영향력이 큰 인물로 꼽히는 페이스북의 이사 피터 틸Peter Thiel은 "바야흐로 세상은 한 분야에서만 특출난 인재를 원하지 않는다. 큰 성공을 거둔 사람들을 보라. 그들은 창업가이자 투자자이자 작가이자 크리에이터이자 아티스트다."라고 말했습니다.[29] 기술혁신의 시대에는 다양한 분야를 넘나드는 르네상스형 인간이 필요하다는 뜻입니다. 기술혁신의 최전선에 있는 그가 남긴 이 메시지를 우리는 가슴 깊이 새겨들어야 합니다. 아마도 15세기 이탈리아를 중심으로 르네상스가 꽃피웠던 것처럼 21세기는 온갖 괴짜들이 몰려 있는 미국 서부 실리콘밸리에서 신르네상스가 꽃피울 것입니다.

실리콘밸리,
새로운 르네상스를 꽃피우다

> "예나 지금이나 르네상스를 이끄는 선구자들은 자기 인생의
> 주인이 되는 사람들이다. 그들은 운명을 스스로 선택한다."
> _『21세기의 승자』의 저자, 자크 아탈리Jacques Attali

인공지능의 최전선, 실리콘밸리

15세기 문화혁명의 발원지를 이탈리아로 꼽듯이 21세기의
첨단기술을 바탕으로 새로운 문화를 주도할 곳은 실리콘밸리
입니다. 이곳은 현재 '인공지능 기술의 중심지'로 불립니다. 인
공지능 기술을 선도하는 구글과 애플, 테슬라, 마이크로소프트
모두 이곳에 몰려 있기 때문이죠. 이런 이유로 전 세계의 인공
지능 최고 전문가와 인재들도 역시 실리콘밸리로 몰려듭니다.
이곳에서 제공하는 높은 연봉과 최상의 복지, 수평적이고 개방
적인 기업문화는 인재들이 자기 능력을 최대한 발휘할 수 있는

최적의 환경이죠. 따라서 실리콘밸리를 혁신의 문화로 이해하는 것은 인공지능 시대를 준비하는 좋은 길잡이가 됩니다.

지금부터는 미국 서부의 작은 도시에 불과했던 팔로 알토^Palo ^alto에 어떻게 실리콘밸리가 생겨났고 이후 세계 최고의 혁신적인 기업들이 밀집된 도시로 발돋움하게 된 역사적 배경은 무엇인지 살펴보도록 하겠습니다.

미국 서부의 실리콘밸리는 1960년대까지 체리, 살구 등 과일을 재배하는 농업지대였습니다. 당시 미국 공업의 심장부는 동부였죠. 동부 기업의 대다수는 제2차 세계대전을 거치면서 크게 성장했습니다. 정보산업(IBM, 제록스)과 자동차산업(GM, FORD)을 중심으로 거대 기업들이 모두 동부로 모여들었고 최고의 두뇌를 가진 인재들 역시 동부로 떠났습니다. 하지만 이후 산업이 자동차와 같은 동력산업에서 실리콘(규소)이 주재료인 반도체 산업으로 변화되면서 산업의 요지는 동부에서 서부로 이동합니다. 이곳이 바로 현재의 실리콘밸리입니다.

많은 기업이 실리콘밸리에서 혁신의 아이콘으로 성장하는 문화를 만들고 인재들을 길러냈습니다. 물론 그 과정에는 많은 위험이 있었습니다. 그 누구도 결과를 예상할 수 없었고 자동차처럼 대중적인 상용화를 기대할 수 없었습니다. 하지만 수많은 기업은 그 리스크를 예견하고도 투자를 진행했습니다. 실리콘밸리에 모인 이들은 뼛속 깊이 개척정신이 뿜어져 나오고 있었기 때문입니다. 이들은 동부 중심의 기득권과 권위를 부정하던 반항아들로 주변에서 'NO!'라고 외칠 때 'OK, Why not?'을 외칠 배짱이 있었습니다. 그렇게 그들은 서로 돕고 연대해 혁신을 이루어냅니다.

일본의 칼럼니스트 이케다 준이치池田純一는 '왜 세계적인 IT 기업이 모두 미국에서 창업했는지'를 연구했습니다. 그 결과, 높은 차원의 기술적 혁신을 만들기 위해서는 창조성과 혁신의 문화가 필요하다는 걸 알게 되었지요. 많은 국가와 도시에서 실리콘밸리를 모방했지만 비슷한 결과를 만들어내지 못한 것은 '문화적 토양'이 갖춰지지 않았기 때문이라고 설명합니다. 그에 따르면 미국의 자유주의 문화, 그중에서도 서부를 중심으로 꽃피웠던 히피와 대항문화가 지금의 실리콘밸리와 글로벌 IT 기업을 만들어냈다는 것입니다. 히피들이 중시했던 문화는 마치 르네상스인들이 주장한 것처럼 '자유와 공생, 공유, 개방의 정신'입니다. 실리콘밸리에 모인 이들은 이 정신으로 신개념의 유토피아를 꿈꾸며 이를 기술개발의 방식으로 이루고자 했습니다.[30]

히피, 실리콘밸리 제국을 만들다

이 사회는 산업구조조정 때문에 청년 실업률이 치솟았으며 경제·사회
양극화가 심화되었다. 민주주의가 후퇴하며 사회 부조리가 극에 달했다.

_강신주, 강준만 외 6명, 『성난 얼굴로 돌아보라』[31]

여러분은 이 문구를 읽고 어느 사회가 떠올랐습니까? 제가
강의에서 이런 질문을 하면 많은 사람이 한국, 일본을 이야기
합니다. 특히 인공지능이 출현하는 기술의 변곡점에 선 한국
사회가 저렇게 될 수 있다는 우려를 합니다. 하지만 위에 인용
된 글의 사회는 1950년대 영국입니다. 1·2차 세계대전을 겪은
영국 사회는 부조리로 뒤덮여 있었고 절망이 지배하고 있었습
니다. 1차 산업혁명을 주도했던 영국의 화려한 영광을 뒤로한
채 대다수 국민이 고통받고 있던 시절이었습니다. 이때 한 젊
은이가 분노하며 사회 부조리를 비판하며 일어섰습니다. 바로
존 오스본John Osborne입니다. 그는 자신의 저서 『성난 얼굴로 돌
아보라Look back in Anger』에 세계대전 직후 좌절한 젊은이들의 울
분을 토해냈습니다. 이 작품에 열광한 젊은이들은 '성난 젊은
이들Angry Young Men'로 불리며 기성 사회의 질서와 제도를 비판
했습니다. 이 흐름은 미국으로 넘어와 잭 케루악Jack Kerouac의 저

74

서『길 위에서』를 중심으로 새로운 움직임을 형성합니다. 비인간적인 산업화로 과거, 미래와 단절된 채 소외된 젊은이들이 국경을 넘어 함께 목소리를 내기 시작한 것입니다. '비트 세대Beat Generation'로 불리는 이들은 전원생활, 인간 신뢰 등 인간성 회복을 꿈꾸었습니다.

　비트 세대에게 영향을 받은 다음 세대는 사회를 비판하고 조롱하는 방식을 탈피해 자신들만의 새로운 대안을 만들고자 했습니다. 이들이 살던 1960년대 미국에서는 베트남전쟁에 반대하는 반전 운동이 크게 일어났습니다. 당시 청년들은 부모 세대의 가치관을 강하게 부정하고 저항하면서 새로운 대안적 삶을 살고자 하였습니다. 이들이 '히피 세대Hippie Generation'입니다. 이들은 물질문명에 분노를 터뜨리며 행복에 관심을 가졌습니다. '반전, 평화, 사랑'과 같은 인간의 본질적인 가치를 중심으로 물질 가치를 비판했습니다. 이들의 활동 범위는 크게 두 가지로 나뉩니다.

　하나는 내면의 새로운 자아 발견에 집중하는 삶을 추구하는 것이고 다른 하나는 기존 체계를 변화시키고자 시위를 하고 정치에 뛰어드는 것입니다.

　이들이 물질 지향적인 가치를 거부하며 '이상적인 공동체'로 새로운 사회를 만들고자 했던 분위기는 '히피 운동'으로 표출되었습니다. 동양의 종교적 분위기가 다양한 예술에 담겨 표현되기 시작했고 기존 사회를 거부하고 새로운 사회를 갈망하는 노래가 만들어졌죠. 인간성을 훼손시키는 물질문명을 비판한 이들은 미국 서부를 중심으로 새로운 희망을 만들었는데 그곳이 바로 샌프란시스코입니다. 스캇 매켄지Scott Mackenzie가 부른 〈San Francisco〉라는 노래에는 '샌프란시스코에 갈 때에는 머리에 꽃을 꽂고 가세요If you're going to San Francisco be sure to wear some flowers in your hair'라는 가사가 나옵니다. 당시 꽃은 히피 문화의 상징이었고 노래에는 히피 문화의 시대적 배경이 담겨 있죠. 노랫말처럼 미국 서부에는 꽃을 꽂은 히피들이 모여들었고 일부는 타락하거나 방황하기도 했지만 '실리콘밸리'라는 그들만의 파라다이스를 만들어나가기도 했습니다. 그렇게 실리콘밸리의 신화가 시작되었습니다.

실리콘밸리를 이끈 2세대 혁신가들은 1960~1970년대에 미국 서부의 반전주의·히피 문화가 확산되던 시기에 청년기를 보냈습니다. 애플의 창업자 스티브 잡스, 오라클의 창업자 래리 앨리슨Larry Ellison이 대표적입니다. 이들의 혁신 정신은 실리콘밸리에 뿌리를 내렸고 다음 세대 기업가인 일론 머스크, 마크 저커버그에게도 전해졌습니다.

스티브 잡스는 1970년대 미국 사회 분위기를 설명하며 자신이 '히피' 정신을 가졌다고 밝힙니다. 히피의 정신을 가진 당시 젊은이들은 다양한 방식으로 기존 체제의 권위에 저항하고 나름의 대안적 삶을 살았습니다. 한 부류는 예술 혹은 종교적 방식으로, 또 다른 부류는 가정을 이루고 안착하면서 새로운 세상의 구현을 위해 테크놀로지를 도구로 생각하고 도전했습니다. 스티브 잡스에게 기술은 단순히 엔지니어링의 개념이 아닌 세상을 변화시킬 수 있는 본질적인 속성을 가진 하나의 중요한 도구였습니다.[32]

스티브 잡스와 오라클의 래리 앨리슨이 실리콘밸리에서 기술로 세상을 변화시키는 삶을 살았다면, 1960~70년대 대표적인 록 밴드 그레이트풀 데드Grateful Dead는 기존질서에 맞서는 서부의 반문화 혹은 대항문화를 형성했습니다. 이들은 개인의 개성과 자유, 권력에 저항하는 메시지를 예술에 담아 실리콘밸리에 많은 영향을 주었습니다. 이들이 혁신적이었던 이유는 자신의 공연 음원을 팬들이 카세트테이프에 녹음하도록 허락한 뒤, 이를 공유하도록 한 것입니다. 이는 현재 음원을 파일로 다운로드하고 스트리밍해서 듣는 세대의 방식과 유사합니다. 이런 저항문화는 미국 서부를 대표하는 명문대인 UC버클리 대학 캠퍼스를 중심으로 더욱더 크게 확산되었고 그레이트풀 데드가 만든 음악은 권위에 도전하는 메시지를 전하며 새로운 사회적 흐름을 만들어낸 것입니다. [33]

아무것도 없지만 모든 것을 즐기는 버닝맨 축제

실리콘밸리의 버닝맨Burning Man 축제는 독특한 히피 문화의 모습을 잘 보여주는 사례입니다. 30년이 넘은 버닝맨 행사는 매년 미국 네바다주의 블랙 록Black rock사막에서 노동절(9월 첫 번째 월요일) 주간에 펼쳐집니다. 사막 한가운데 '버닝맨'이라 불리는 거대한 사람 형태의 조형물이 세워지고 전 세계에서 모여든 기업가, 예술가가 함께 축제를 즐기죠. 구글의 최고경영자 세르게이 브린Sergey Brin과 래리 페이지Larry Page, 테슬라의 CEO 일론 머스크Elon Musk, 페이스북의 CEO 마크 저커버그Mark Zuckerberg 등 실리콘밸리의 주역들이 이 행사의 열렬한 '버너Burner(행사의 참가자)'로 알려져 있습니다.

이 행사가 흥미로운 것은 축제 공간에 '아무것도 없다'는 것입니다. '버너'는 자신이 지낼 텐트뿐만 아니라, 음식과 생필품 등 모든 것을 준비해야 하고 발생한 쓰레기는 각자 수거해가야 합니다. 주최 측이 준비해주는 것은 거의 없습니다. 돈을 주고 살 수 있는 것은 얼음과 커피뿐입니다. 그런데 왜 실리콘밸리의 수많은 사람이 소중한 시간과 비용을 들여 이 맹탕 같은 행사에 참여하는 것일까요?

버닝맨은 1986년 편견 없는 공동체를 꿈꿔왔던 래리 하비 Larry Harvey가 '창조, 자유, 무소유'를 구호로 내세우며 만든 행사입니다. 행사라고는 하지만 아무런 이벤트가 없습니다. 단지 '맨'이라는 거대한 사람 조형물을 행사 마지막에 태우는 '맨 번 man burn' 의식이 이 행사의 가장 중요한 이벤트입니다. 행사 동안 '버너'들은 자유롭게 아이디어를 발산하고 다양한 실험을 할 수 있습니다. 하나 특이한 점은 이곳에서는 모든 '이상한 것'이 허용된다는 것입니다. '버너'들은 즉석에서 모든 것을 만들어냅니다. 라디오 방송국을 만들기도 하고, 새로운 예술 작품을 만들기도 합니다. 그리고 조형물을 태운 것처럼 모든 것을 태워버립니다. 사막에 설치되었던 모든 것들이 아무 일도 없었던 것처럼 사라지고 '버너'들도 다시 각자의 자리로 돌아갑니다.[34]

퓨처 디자이너스의 최형욱 대표는 『버닝맨, 혁신을 실험하다』에서 '버닝맨은 실리콘밸리 기업가의 거대한 실험실이자 플랫폼이며, 인류의 가장 전위적이고 창이저인 축제'리고 말합니다. 모든 구성원이 적극적으로 참여하는 문화야말로 실리콘밸

리의 혁신 문화라는 것이지요. 이 과정에서 비즈니스의 아이디
어와 새로운 조직 문화를 구상할 소스를 얻기 때문입니다.[35]

버닝맨이라는 새로운 경험을 공유하면서 실리콘밸리는 지속
적으로 혁신하고 발전해 왔습니다. '새로운 세상을 만드는 작
업'을 통해 실리콘밸리의 개방·창조·공유의 가치를 확산시켜 온
것입니다. 이러한 문화가 있었기에 인공지능 시대를 주도하는
실리콘밸리가 형성될 수 있었습니다.

실리콘밸리 혁신의 뿌리, 스탠퍼드 대학

실리콘밸리 형성 배경을 설명할 때 빠질 수 없는 곳이 하나
있습니다. 바로 서부 팔로 알토에 위치한 명문대학 스탠퍼드입
니다. 철도 사업가로 출세한 릴런드 스탠퍼드Leland Stanford는 캘
리포니아 주지사와 상원의원을 지내며 사업가와 정치인으로
모두 큰 성공을 거두었습니다. 그러나 그는 60세에 하나뿐이었
던 아들을 잃게 됩니다. 슬픔을 주체할 수 없었던 그는 아들의
죽음을 추모하기 위해 스탠퍼드 대학을 설립했습니다.

스탠퍼드 대학은 실리콘밸리의 지속적인 혁신을 만들어낸
뿌리입니다. 실리콘밸리 혁신의 상징인 스티브 잡스는 평소 권

위를 싫어하고 대학에서 배울 것이 없다고 생각했지만 스탠퍼드에는 각별한 애정이 있었습니다. 잡스는 평소 졸업식 축사에 큰 의미를 두지 않았습니다. 그래서 요청이 오는 여러 유수의 대학 졸업식 축사 자리를 모두 거부했습니다. 그런 그가 유일하게 서는 축사 자리가 스탠퍼드 대학 졸업식입니다. 스티브 잡스는 생전 졸업식 축사를 딱 한 번만 하려고 결심했다는데 이는 당연히 스탠퍼드 대학이어야 한다고 했답니다. 아마 실리콘밸리의 인재를 양성시키는 대학이라 존경심을 가지고 있었던 것이 아닐까 싶습니다. 존 헤네시John Henessy 스탠퍼드 대학 전 총장은 잡스에게 '혁신'과 '창의성'을 주제로 축사를 요청했습니다. 이것이 스티브 잡스와 실리콘밸리의 핵심 키워드이기 때문일 것입니다.

실리콘밸리에 절대적인 영향을 끼친 HP의 윌리엄 휴렛과 대이비드 패커드, 구글의 세르게이 브린과 래리 페이지, 페이 팔의 피터 틸 같은 많은 창업자가 스탠퍼드 대학 출신입니다. 그래서 스탠퍼드 대학은 '실리콘밸리 기업을 낳아 키워온 대학'이라는 수식어로 불립니다.

헤네시 총장의 위대한 유산, '스탠퍼드 디 스쿨'

실리콘밸리의 '두뇌'라 불리는 스탠퍼드 대학은 혁신 기업가를 상당수 배출한 학교입니다. 특히 존 헤네시 총장이 재임했던 2000년부터 약 16년 동안, 대학의 위상은 몰라보게 상승했습니다. 스탠퍼드 대학 전기공학과 교수였던 그는 학장, 교무처장, 총장을 거치며 스탠퍼드 대학을 위해 일생을 바쳤습니다. 헤네시 전 총장은 총장 재임 시절 구글, 애플, 페이스북, 인텔, 페이 팔, 테슬라 등 주요 기업의 경영진들과 꾸준히 소통했습니다. 스티브 잡스의 스탠퍼드 졸업식 축사의 허락을 받아낸 것도 기업과의 꾸준한 소통 덕분입니다. 이처럼 기업과의 열정적인 교류로 총장 재임 16년 동안 학교 기금을 두 배 이상(총 62억 달러, 약 7조 원)으로 키웠습니다. 이를 토대로 이론 중심의 학문적인 전공보다 현실의 문제를 해결하기 위한 교육에 힘썼습니다. 그중에서도 '스탠퍼드 디 스쿨Stanford D.School'은 창의성과 문제 해결력을 키우는 데 가장 큰 공헌을 한 교육 기관입니다. 오늘날 링크드인, 구글, 페이 팔 등 혁신 기업을 세운 일등공신이라고 해도 과장이 아니죠.

디 스쿨의 대표적인 인물은 티나 실리그Tina Seelig 교수입니다. 그녀는 미래를 여는 창조자들이 세상을 이끌 것이며, 창의성이 혁신의 핵심이라고 말합니다. 그녀가 저서 『인지니어스 INGENIUS』에서 강조한 대로 우리는 타고난 재능에 불을 지펴야 합니다. 이는 결국 교육 기관이 아닌 본인에게 달려 있죠. 창의성은 정규교육에서는 배우기 어려운 속성을 지니고 있기 때문입니다. 정규교육의 목표는 '창의성'을 기르는 교육이 아니라 '논리적'이고 '이성적' 인간 혹은 숙련된 기술자를 양성하는 것입니다. 이는 2·3차 산업혁명에 적합한 인재상이었죠. 하지만 지금부터는 4차 산업혁명에 요구되는 인재상에 맞춰 정규교육도 조금씩 변해야 합니다.

창의성은 복합적인 상황에서 다양한 경험과 결합될 때 얻어집니다. 복잡한 세상을 이해하려는 의지로 모르는 것들 사이의 공간, 해결되지 않은 문제의 공백을 메우기 위해 상상력을 키워가는 것이지요. 어린아이일수록 창조적 역량과 호기심이 높은 이유도 여기에 있습니다. 머릿속에 모르는 것이 많을수록 해결하고 파헤치려는 힘이 강하죠. 하지만 성인이 되어가면서 사회 시스템에 부합하는 '생산적인' 사람이 되려는 데 더 힘을 싣습니다. 이 과정에서 주변의 기대에 부응하기 위해 유년기에 갖고 있던 창의성을 소실하게 됩니다. 생산성에 집중하고 정보와 논리, 이성을 앞세우느라 호기심과 상상력은 뒤로 미뤄두는 것이죠. 과거의 2·3차 산업 시대에는 '생산적'인 사람이 되는 것이 매우 중요했습니다. 하지만 지금은 우리 인간보다 훨씬 생산력이 높은 로봇과 인공지능이 출현하는 시대입니다. 완전히 새로운 국면이 열린 것입니다. [36]

공감력을 키워 창의력을 창출하는 '디 스쿨'의 가치

'디 스쿨'에서는 단지 합리적 사고와 창의력만 가르치지 않습니다. 이곳에서 가장 먼저 배우는 것은 아이러니하게도 '공감'입니다. 다른 사람의 관점을 자신의 관점으로 전환해 그동안 고착되고 고정된 자신의 기준에 변화를 꾀하라는 가르침이죠. 창의성은 우리가 주로 무언가를 도전할 때 발휘되는 데 이것은 단순히 개인의 노력뿐 아니라 집단과 조직의 문화에서 형성되기 때문입니다. 따라서 다른 사람의 생각을 읽고 함께 공유할 수 있는 공감 능력이 우선시 됩니다. 이처럼 디 스쿨의 핵심은 다양한 전공을 가진 동료들의 의견에 공감하고 협력해 새롭게 디자인된 사고Design Thinking로 문제해결 방법을 터득하는 것입니다.

2010년 스탠퍼드 석사 과정의 아크샤 코타리와 안키드 굽타는 디 스쿨에서 공감과 시제품 제작을 강조하는 방법론을 배웠습니다. 그리고 사용자의 기호에 따라 뉴스를 최적화하는 앱

'펄스Fulse News'를 개발했지요. 펄스는 2013년 링크드인LinkedIn에 9000만 달러(약 1,043억 원)에 성공적으로 매각되었습니다.[37] 대학 수업이 창업으로 이어져 성공적인 매각을 만들어낸 선순환적 구조입니다. 이런 사례는 스탠퍼드 대학이 실리콘밸리의 뿌리라는 것을 말해 줍니다.

인간적 가치를 가르치는 카이스트의 융합 인재학부

스탠퍼드 디 스쿨의 가르침처럼 4차 산업혁명이 진행되는 미래 사회에 필요한 인재는 한 분야를 깊게 파고드는 전문성보다 연관성이 없는 것의 연결고리를 찾아 융합하는 창의적인 능력이 요구됩니다. 이는 인공지능에게는 없는 능력입니다. 이런 시대적 요구에 맞춰 2020년 10월 코로나19가 한창 유행하던 시기, 카이스트KAIST에 '융합인재학부'가 신설되었습니다. 이 학과는 A,B,C,D의 학점을 없앴습니다. 학부장을 맡은 정재승 교수는 전통적인 학문 간 장벽을 넘어 다양한 지식을 섭렵하고 접목하는 문제 해결형 인재를 양성하기 위해 학점을 없앴다고 밝혔습니다. 2~4학년 동안 자신이 설정한 사회 문제를 해결할 아이디어를 찾고, 이를 실현하는 프로젝트 기반형 학습을 돕기 위함이라고 합니다.

학교가 지정한 책(70%), 자신이 선정한 도서(30%)를 포함해

총 100권을 읽고 감상평을 남겨야만 졸업을 할 수 있는 특이한 학습 과정도 포함돼 있습니다. 이 같은 과정들이 생겨나고 주목을 받는 이유는 인공지능 시대를 살아가기 위한 답이 바로 '공감', '감성' 등 인간적 가치가 담긴 창조에 있기 때문입니다. 그래서 인공지능 기술을 주도하는 집단들은 그 답을 얻기 위해 지금도 부단히 노력 중입니다.

산업혁명이 진행되면서 사회는 늘 시대에 맞는 인재를 필요로 했습니다. 늘 같은 사고와 해오던 방식으로만 업무를 처리해왔다면 우리는 진보적인 사회를 만들 수 없었을 겁니다. 4차 산업혁명 역시 보다 나은 미래를 만들 인재가 필요합니다. 앞으로 우리는 미래 사회가 요구하는 핵심 인재가 되기 위해 4차 산업혁명의 필수요소는 무엇이고 또 4차 산업혁명의 본질이 무엇인지 탐구하는 자세가 필요합니다.

3장

코로나19가 앞당긴
4차 산업혁명

인류의 네 번째 진화,
4차 산업혁명

"미래는 우리 안에서 변화하기 위해 훨씬 전부터
우리 내부에 들어와 있다."
_독일 시인, 라이나 마리아 릴케Rainer Maria Rilke

스위스 휴양지에 울려 퍼진 노교수의 선언

2016년 새해, 유럽 스위스의 동부 휴양지 다보스에서 노교수 클라우스 슈밥Klaus Schwab이 마이크를 잡았습니다.

"우리 앞에 놓인 과학기술 혁명은 언제나 중요했지만, 이번 흐름은 그야말로 삶과 일, 인간관계의 방식을 근본적으로 변화시키는 혁명입니다. 나는 이 변화를 '제4차 산업혁명'이라고 부르고 싶습니다."

'4차 산업혁명'이라는 말이 탄생한 순간입니다. 클라우스 슈밥은 세계적으로 권위를 인정받는 세계경제포럼The World

Economic Forum이라는 국제기구를 설립한 인물로 유명하죠.

우리에게는 '다보스 포럼Davos Forum'으로 알려진 세계경제포럼은 스위스 제네바에 본부를 둔 국제 민간 회의기구입니다. 매년 스위스 알프스산맥의 멋진 경치를 가진 작은 산골 도시 다보스에서 개최되는 이 포럼에는 전 세계의 저명한 기업인·경제학자·저널리스트·정치인이 모여 범세계적인 경제문제를 토론하고 국제적 실천과제를 함께 모색합니다.

다보스 포럼에서 제시된 사회·경제적 주제는 인류 전체의 고민을 담고 있는 중요한 문제이기 때문에 전 세계가 주목합니다. 그런 자리에서 포럼의 설립자인 클라우스 슈밥이 던진 '4차 산업혁명' 선언은 당시 많은 화제를 낳았습니다. 그리고 얼마 뒤 이세돌 9단과 알파고의 바둑시합이 열렸고 이 시합을 기점으로 4차 산업혁명에 대한 논의들이 더욱 활발해졌습니다. 마치 4차 산업혁명의 흐름을 놓치면 영원히 도태될 것만 같은 사회 분위기가 형성된 것이죠. 그리고 2020년에 지구를 덮친 글로벌 팬데믹은 이 분위기를 더욱 뜨겁게 만들었습니다. 코로나19 이전에는 4차 산업혁명의 혁신에 찬반 의견이 많았지만, 현재는 모두 기술혁신의 시대로 전환되는 것을 인정합니다. 그러므로 우리는 포스트 코로나 시대의 핵심 키워드인 4차 산업혁명을 다시 한번 점검하고 나아가야 합니다.

4차 산업혁명이 도대체 무엇이기에 세상을 이토록 떠들썩하게 만들었을까요? 클라우스 슈밥 회장은 4차 산업혁명을 세계의 주요 의제로 제안하면서 소셜 미디어와 사물인터넷이 일상화된 세상에서 빅데이터와 인공지능 기술이 새로운 세상을 연다고 전망했습니다. 이것이 3차 산업혁명의 대표적인 기술을 재편할 것이라는 예고입니다.[38]

하지만 여전히 인류는 이 새로운 혁명의 속도와 깊이를 정확하게 이해하지 못하고 있습니다. 물론 기술 분야도 대부분 초기 단계입니다. 하지만 기존의 기술과 새로운 기술이 융합을 이룬다면, 앞으로의 과학기술은 상상할 수 없는 잠재력을 폭발시킬 수 있습니다. 이는 새로운 비즈니스 모델을 등장시킬 것이고 기존 시스템의 파괴를 불러올 것입니다. 사람들의 업무 방식에서부터 소통하는 방식, 정보를 교환하고 자신을 드러내는 방식도 완전히 변화할 것입니다. 이런 기술들은 이미 스펀지에 물이 스며들듯 일상에 자연스럽게 적용되고 있습니다. 이에 적개심을 품은 이용자들조차 이제는 빠르게 적응해 나가고 있지요. 이를 무시하거나 외면한다면 시대에 뒤떨어진 사람이 되기에 불가피하게 받아들이기도 합니다. 그만큼 시대의 흐름은 우리가 원하든 원하지 않든 이미 4차 산업혁명기에 들어섰습니다.

가장 높은 가능성과 가장 높은 위험성을 여는 시대

클라우스 슈밥은 4차 산업혁명이 그 무엇과도 비교할 수 없을 정도의 변화를 불러온다고 전망합니다. 규모와 속도, 범위를 고려하면 현재와는 차원이 다른 수준입니다. 완전히 새로운 기술과 시스템이 창조되는 것은 아니지만 4차 산업혁명은 기술 융합으로 인류의 행동 양식뿐 아니라 생산 및 소비 체제를 변화시킨다는 근원적인 차원에서 강력함을 지닙니다. 동시에 그만큼 엄청난 기술혁신이기에 아직 매우 불안정하고 불확실한 것도 사실입니다. 이처럼 혁신적인 4차 산업혁명이 불러올 변화는 매우 다양한 의미를 가집니다. 아마도 인류 역사상 가장 높은 가능성과 위험성을 동시에 수반하게 될지도 모릅니다.

4차 산업혁명의 미래는 과거의 사고관으로는 이해할 수 없는 것들이 많습니다. 단기적, 단편적으로만 바라볼 사안이 아닙니다. 무엇보다 기술 도입의 초기에는 이 기술을 어떻게 수용하여 상생할 수 있을지 고민해야 합니다. 클라우스 슈밥은 더 나아가 이 극적인 과학기술을 인류의 정체성과 가치관을 성찰하는 계기로 삼아야 한다고 강조합니다.

새로운 시대의 인간은 어떤 존재이고, 기술과 어떻게 공존해야 하는지, 그리고 어떤 사회를 만들어갈지 등 다양한 쟁점을 더 많이 고민하자는 것입니다. 과거 산업혁명이 낳은 분열적이고 비인간화된 사회가 아닌, 인간의 능력을 고양시키고 기술과 인간이 조화를 이루는 사회를 만들어야 합니다.

제4차 산업혁명은 이미 우리 생활 깊숙이 침투했지만 우리는 여전히 많은 면에서 준비가 부족합니다. 먼저 기술은 엄청난 속도로 발전되는 것에 비해 정치·사회 체제는 급진적으로 진보하지 못하고 있지요. 이 거대한 변화에 정치와 사회의 낮은 이해력은 기술혁신의 결과를 혼란으로 이끌 수 있습니다. 여전히 상당수의 사람들은 4차 산업혁명이 제공하는 기회와 가능성을 좁은 시야로 바라봅니다. 하지만 단언컨대 이는 시대착오적인 발상입니다. 이제부터는 이를 부정하기보다 긍정적이고 보편적인 '담론'을 펼쳐가야 할 때입니다.

산업혁명의 역사가 이룬 인류의 진보

제4차 산업혁명에 대한 논의는 여러 측면에서 논쟁적 이슈입니다. 아직 많은 사람이 3차 산업혁명과 4차 산업혁명의 기술적 차이는 없으며 4차 산업혁명은 그저 3차 산업혁명의 연장선에 불과하다고 주장합니다. 하지만 확실한 것은 클라우스 슈밥 교수의 선언이 우리 사회에 엄청난 영향을 미쳤다는 것입니다. 특히 인공지능과 생명과학 분야의 발전은 3차 산업혁명과는 확실히 구분되는 지점이기도 하지요.

이처럼 산업혁명이라는 말은 인류 역사에 엄청난 변화를 의미하는 말입니다. 세상이 급진적이고 근본적으로 변화했을 때 사용되는 용어로, 기술의 발전뿐만 아니라 사회구조에 큰 변동이 있을 때 산업혁명이 일어났다고 평가하지요. 그러므로 4차 산업혁명의 성격을 제대로 이해하고 그에 맞는 미래를 준비하기 위해서는 이전의 산업혁명과 4차 산업혁명이 어떻게 구분되는지 명확하게 이해할 필요가 있습니다. 지금부터 이전 산업혁명의 특징을 간단히 정리하겠습니다.

인류의 정착이 만들어낸 최초의 기술혁신

약 1만 년 전, 수렵·채집을 하던 인류는 농경을 시작하면서 큰 변화를 맞이합니다. 떠돌이 수렵·채집의 생활을 마치고 정착 생활을 이끈 농업혁명은 생산, 운송, 의사소통의 방식에서 인류를 한 단계 도약시킵니다. 이제 인류는 굶주리지 않고 짐승의 공격에 대책 없이 당하지 않아도 됩니다. 식량 생산은 비약적으로 늘어나고 집단을 이루며 생활하기 시작합니다. 하지만 동시에 인류는 전쟁과 전염병에 시달리게 됩니다. 새로운 환경을 찾는 무리가 몰려들면서 인구가 늘어나자 갈등이 고조되고 폭력이 발생합니다. 또 잉여 식량은 빈부격차도 만들어냈습니다. 축적되는 식량에 따라 부가 형성되고 식량이 모자라는 집단은 전보다 더 긴 시간 일을 해야 했죠. 물론 좋은 점도 있습니다. 문명의 발달로 새로운 문화를 만든 것입니다.

흥미로운 사실은 농경사회에서도 끊임없는 기술혁신이 이루어졌다는 점입니다. 청동기가 철기가 되면서 생산량은 급증했고 기술혁신에서 뒤처진 공동체들은 순식간에 사라졌습니다. 그만큼 기술혁신은 인류의 생존을 좌우할 정도로 중요한 요인이 되었습니다.

이때부터 생산력을 증진하려는 부단한 노력이 시작됩니다. 도시화가 이루어지고 인간의 노동력을 기계가 대체하는 시대

를 맞이하게 되죠. 그리고 이는 18세기 인류 최초의 제1차 산업
혁명을 불러오게 됩니다.

자본가와 노동자를 만들어낸 1차 산업혁명

1차 산업혁명은 18세기 영국을 중심으로 유럽과 미국 전역에
확대됩니다. 물과 증기의 힘을 이용해 인간이 하기 어려웠던
일을 대체할 기계를 만들어낸 것이 혁명의 시초가 되었지요.
철도나 증기기관 같은 1차 산업혁명의 기계는 생산성을 높였습
니다. 처음에는 증기가 방직기를 돌려 면직물을 생산했지만, 곧
이어 증기를 이용한 동력으로 기차와 배를 움직여 사람과 화물
을 운반했습니다.

산업혁명은 자본주의 경제체제와 결합하면서 더욱 발전합니
다. 자본가들은 공장을 만들었고, 농민과 시민은 임금 노동자가
되어 생산을 담당하게 되었습니다. 자본가는 수익을 자본으로
전환해 재투자하며 기업을 더욱 크게 만들었습니다.

칼 마르크스Karl Marx와 프리드리히 엥겔스Freidrich Engels 등 뛰
어난 사회학자들은 1차 산업혁명의 기계들은 이전 인류 역사의
모든 것을 합한 것보다 더 빠르고 거대한 생산력을 만들어냈다
고 평가했습니다. 그로 인해 '도시'가 생거나고 '자본가'와 '노동
자'라는 개념이 처음 생겨납니다. 또한, 사회체계에서 계약관계

가 형성되기 시작합니다.

대기업의 초석을 다진 2차 산업혁명

19세기에 일어난 제2차 산업혁명은 독일과 미국을 중심으로 형성되었습니다. 전기와 석탄 가스를 동력으로 가동되는 전자제품과 내연기관이 출현한 것이죠. 2차 산업혁명 이전에는 섬유 산업을 제외한 다른 산업에서는 기계화가 충분히 진행되지 않았습니다. 그러나 철 생산을 위한 철강 기술이 비약적으로 발전하면서 19세기 후반에는 모든 산업이 기계화되었습니다. 철도 레일, 다리, 건축물 등으로 적용 범위를 확장해가면서 빌딩과 아파트 건설도 가능하게 되었습니다. 화학 산업도 철강 산업처럼 2차 산업혁명의 중요한 역할을 담당했습니다. 18세기부터 발전한 섬유 산업은 수요와 소비자의 욕구에 맞춰 인공 염료를 발명하고 생산하기 시작합니다. 화학이 섬유 산업을 보조하던 위치에서 벗어나 독자적인 산업으로 발돋움하게 된 것입니다. 플라스틱이나 합성섬유와 같은 새로운 소재도 이때 개발되었습니다.

무엇보다 2차 산업혁명을 대표하는 기술은 전기입니다. 발명왕 에디슨이 백열등을 개발하고 에디슨 제너럴 일렉트릭 회사를 만들어 전기를 상용화했습니다. 전기 이용산업은 가정은 물론 공장과 운송 수단에서도 사용되었습니다. 전기와 함께 내연기관도 발전했습니다. 19세기 독일의 다임러가 마이바흐와 함께 가솔린을 연료로 사용하는 내연기관을 개발했습니다.

칼 벤츠는 세 바퀴 자동차를 개발함으로써 자동차를 탄생시켰습니다. 미국의 헨리 포드는 자동차를 대량생산하도록 만들었는데 이 포드시스템의 상징격인 분업화로 노동력은 단기간에 최대한의 효과를 내게 됩니다.

이제 사람들은 전기를 이용해 밤에도 일할 수 있게 되었고 자동차와 같은 값비싼 제품들을 보다 저렴하게 이용할 수 있게 되었습니다. 도시 노동자는 공장 노동자로 전환되었고 임금의 수준도 올랐습니다. 노동자들의 삶은 고된 노동에서 벗어나 여가를 누리고 개선되었습니다. 이때 등장한 영화, 라디오와 축음기는 대중문화의 확산에 결정적인 역할을 했습니다.

이렇게 2차 산업혁명의 촉발로 자본주의는 더욱 고도화되어 독점 자본주의 단계에 이르게 됩니다. 그리고 이것이 바로 오늘날 대기업의 초석이 됩니다.

세계를 하나로 이어주는 3차 산업혁명

20세기 제3차 산업혁명은 컴퓨터와 인터넷으로 정보혁명의 시대를 열었습니다. 이때 발발한 제2차 세계대전이 컴퓨터와 인터넷을 개발하도록 유도한 것이지요. 전쟁에 필요한 데이터와 복잡한 계산을 풀이해 줄 장치가 필요했던 인류는 최초의 전자식 컴퓨터인 에니악ENIAC을 탄생시킵니다. 뒤이어 노이만은 상업용 컴퓨터인 유니박UNIVAC을 내놓지요. 이런 대형 컴퓨터는 주로 군사용, 우주개발, 연구용으로만 사용되었고 소수의 전유물이었습니다. 이후 스티브 잡스는 컴퓨터를 만드는 데 필요한 부품을 스스로 조달해 개인용 컴퓨터를 만들어냅니다. 여기에 더해 전 세계를 하나로 연결하는 인터넷 환경이 만들어졌고 정보처리 기술의 고도화로 본격적인 매스미디어의 시대가 열립니다.

이제 인터넷 환경에서는 멀고 먼 나라라는 경계는 없습니다. 지구가 하나 되는 세상을 만들고 경제는 태평양과 지중해를 자유롭게 넘나듭니다. 이로 인해 소비생활은 폭발적으로 활성화되고 사회·정치·경제의 모든 면에서 대량화·신속화·다양화된 환경이 조성되었습니다. 우리의 생활은 이제 너무나도 편해지고 풍요로워졌습니다.

산업혁명이 가져온 빛과 그늘

세 차례의 산업혁명은 인류의 삶을 혁신적으로 변화시켰습니다. 각 혁명의 단계에서 우리가 당연하게 여겼던 가치들이 흔들리고 새로운 강자가 출현하기도 했습니다. 따라서 개인과 기업, 국가조차도 이 거대한 흐름을 피할 수 없었습니다.

산업혁명은 갈수록 짧은 시간에 집약적으로 이루어졌습니다. 1차 산업혁명 기술이 전 세계에 보급되는 데 120년 시간이 걸렸다면 인터넷은 10년도 걸리지 않아 보급된 것을 주목해야 합니다. 모바일 기기는 인터넷 기기보다 침투율이 더 높았습니다. 스마트폰은 이제 우리의 일상이 되었고 필수품이 되었습니다. 활용범위 또한 날이 갈수록 넓어지고 있습니다.

그렇다면 산업혁명은 인류에게 유익한 면만 가져다주었을까요? 그렇지 않다는 사실을 우리는 너무나 잘 압니다. 변화의 과정에는 늘 소외되고 피해를 받는 사람들이 존재합니다. 노동자들은 착취와 억압으로 일생을 노동에 바쳐야 했습니다. 공업화는 농촌의 해체를 불렀고 도시화가 진행되었습니다. 그 결과, 대기와 수질은 오염되고 자연은 파괴되었습니다. 이에 따른 전염병은 꼬리표처럼 따라 왔습니다.

엄밀히 따져보면 산업혁명은 소수의 국가만의 수혜였습니

다. 아직도 지구촌 곳곳에서는 산업혁명 기술의 혜택을 입지 못한 지역이 많습니다. 세계 인구의 17%가 2차 산업혁명 기술을 경험하지 못했으며 아직도 일상생활에서 전기를 사용하기 어려운 인구가 약 13억 명에 이른다고 합니다. 3차 산업혁명 기술은 더욱 심각합니다. 전 세계 인구의 절반이 넘는 40억 명은 여전히 인터넷과 스마트폰을 사용하지 못합니다.

산업혁명은 혁신적인 기술로 인류의 진보를 이끌었지만 동시에 중요한 것도 빼앗아갔습니다. 앞으로 우리가 맞이할 새로운 산업혁명은 과거의 산업혁명과 마찬가지로 모든 면에서 인류에게 엄청난 영향력을 미칠 것입니다. 어쩌면 전혀 생각지도 못한 미래가 열릴 수도 있습니다. 이전 산업혁명을 무조건 수용적인 자세로 받아들였던 우리는 이제 냉철한 시각으로 세상을 바라봐야 합니다. 미래를 내다보는 식견을 높이고 이 산업혁명이 가져올 영향력과 파장을 분석해야 하고 문제 요인이 있다면 대안과 대응책을 마련해야겠지요. 인류를 위한 발전이 일부 특혜를 받는 국가나 자본의 희생양이 되어서는 안 됩니다. 제한적 수혜보다 보편적 이로움을 추구하는 것이 도래할 4차 산업혁명이 간직해야 할 가치입니다.

인간의 사회적 역할을 위협하는 4차 산업혁명

21세기에 찾아온 제4차 산업혁명은 어떤 변화를 가져올까요? 또 이전의 산업혁명과는 무엇이 다를까요?

디지털 혁명을 기반으로 전개될 제4차 산업혁명은 코로나19로 한층 앞당겨졌습니다. 학자들은 2020년 글로벌 팬데믹이 진정한 4차 산업혁명을 가능케 했다고 말합니다. 4차 산업혁명이 가져온 혁신은 인공지능, 로봇, 사물인터넷^{IoT}, 자율주행차, 3D 프린팅 기술 등입니다.

클라우스 슈밥은 그중에서도 유비쿼터스에 주목했습니다. 유비쿼터스는 언제 어디서나 접속이 가능한 정보통신 환경을 말합니다. 작고 강력해진 센서에 모든 사물이 연결돼 스마트폰으로 실시간 정보를 제공하고 이것들이 차곡차곡 쌓여 빅데이터가 됩니다. 인공지능은 이 방대한 양의 데이터들 중에서 의미 있는 정보만 걸러내 해석하고 분석하죠. 그 결과, 우리는 빠르고 신속하게 필요한 정보를 받아보고 원하는 일을 정확한 시기에 할 수 있습니다. 이것이 바로 4차 산업혁명이 가져올 미래 모습입니다. 이전의 산업혁명과 마찬가지로 4차 산업혁명의 주요기술도 인류의 소득 수준을 높이고 노동시간을 줄여줘 삶의 질을 높일 다양한 잠재력을 가지고 있습니다.

독일에서는 '인더스트리 4.0^{Industry 4.0}'이라는 이름으로 인류가 맞을 네 번째 산업혁명에 대한 논의가 치열하게 진행되고 있습니다. 스마트 공장의 도입으로 제조업의 혁신을 이끄는 독일은 가상 시스템과 물리 시스템을 융합해 생산량을 증진시키고 맞춤 생산이 가능한 시대를 열고 있습니다. 스포츠 브랜드인 아디다스가 그 예입니다. 아디다스는 스마트 공장으로 소비자가 요구하는 다품종 소량생산 시스템을 구축하고 있습니다. 기존의 제조생산 시스템에서 벗어나 사물인터넷인 IoT로 연결된 장치를 유기적으로 통합하고 분석된 정보를 활용합니다. 이 최첨단의 인공지능 시스템은 제조 효율성을 높여 기업에 이익을 주었습니다. 기존 생산 시스템에서는 50만 켤레의 운동화를 만드는데 600여 명의 인력이 필요했다면 현재는 고작 10명의 인원이 생산할 수 있는 공정을 만들어냈습니다. 600명의 노동력을 기계와 인공지능 로봇이 대체하면서 개인 맞춤형 제작이 가능해진 것입니다.[39] 아직 실험단계에 있지만, 시행착오를 거쳐 전 세계의 제조업에 적용될 것이라는 전망이 뒤따릅니다.

MIT의 에릭 브린욜프슨^{Erik Brynjolfsson} 교수와 앤드루 맥아피^{Andrew McAfee} 교수는 4차 산업혁명 시대를 '제2의 기계 시대^{The second machine age}'라고 정의했습니다. 디지털기술과 완벽한 힘을 접목한 기계가 전례 없는 시대를 열기 때문입니다. 4차 산업혁명은 3차 산업혁명의 연장선에 있지만, 기술의 비약적인 도약으로 기존 사회체계와 구조를 전면적으로 뒤흔드는 도화선이 될 것입니다. 이 혁명은 압도적인 생산 증가와 스마트한 정보처리 능력에 놀라울 정도의 지적능력까지 갖춘 기술의 행렬이기 때문입니다. 아마도 이로 인해 이보다 훨씬 뒤처지는 능력을 지닌 인간의 사회적 역할은 축소될 것으로 보입니다. 이제 인류가 고민해야 할 부분은 '일자리마저 기계에게 빼앗긴 삶을 어떻게 유지하느냐'입니다. 이 고민은 앞으로 상당히 깊어질 것입니다.

'퍼펙트 스톰'이 될 4차 산업혁명의 혁신성

전문가들은 4차 산업혁명에 세 가지 혁신적인 특징이 있다고 말합니다.

첫 번째는 기술 융합입니다. 모든 사물이 네트워크를 중심으로 과학기술이 융합되면서 폭발적으로 발전하는 것이죠. 사물인터넷의 출현과 함께 단순한 디지털 기기 간의 연결을 넘어 에너지, 생명과학 등 다양한 분야로 확장됩니다. 즉, 물리학과 정보과학, 생물학 사이에 놓인 경계를 허무는 '융합'이란 단어가 이를 설명할 수 있죠. 예를 들면 인터넷이 연결된 의료용 로봇이 세계적인 의사의 도움을 받아 고난도의 수술을 집도하고, 아프리카 여행 중 스마트폰으로 집에 두고 온 애완동물이 잘 지내고 있는지 확인합니다. 물론 애완동물의 식사와 최적의 컨디션을 위한 집안 온도도 제어할 수 있게 됩니다. 도시의 모습도 기술 융합의 흐름 속에서 혁신적인 기술이 결합된 모습으로 변하고 있습니다. 이러한 도시를 '스마트 시티Smart City'라고 부릅니다. 전통적인 기반시설인 도로와 건물에 4차 산업혁명 기술을 접목해 시민의 삶을 개선합니다. 신호등을 인터넷 네트워크로 연결해 위급한 상황에 신호를 빠르게 변경시킬 수 있습니다. 가로등에 센서를 연결하면 실제 시민들이 이용하는 시간과 상황에 따라 운용할 수 있겠죠. 이는 에너지 절약으로도 이어집니다.

존 체임버스John Chambers 시스코 회장은 미래 도시의 상징적인 사례로 스페인의 바르셀로나와 우리나라의 인천 송도를 꼽았습니다.[40] 송도는 처음부터 융합된 기술을 도입해 지속 가능성이라는 가치를 도시에 심었습니다. 송도 시민들은 걸어서 12분 거리 내에서 의료와 운송, 편의, 교육 등 여러 도시 기반시설과 서비스를 이용할 수 있습니다. 출·퇴근시 교통량과 주차 혼잡을 막기 위해 실시간으로 교통정보를 운전자들에게 제공하고, 쾌적한 환경을 위해 미세먼지 농도도 공개하죠. 또 각종 범죄를 줄이기 위해 빠른 경보시스템도 구축되어 있고 도시 에너지 소비를 최대한 효율적으로 관리하는 스마트 그리드^{Smart Grid} 시스템으로 에너지 절감 효과도 누립니다. 이로써 도시 스스로 가 생산성을 증진하고 수익을 창출해 주민들의 시간과 돈을 절약하게 해줍니다. 이처럼 스마트 시티는 기술 융합이 공공시설에 장착된 미래 도시형 모델입니다.

4차 산업혁명은 각각의 영역들이 서로 융합해 새로운 잠재력을 발견하고 진화합니다. 가까운 미래에 우리는 인터넷 기술의 발전과 디지털 기기의 상용화로 사물(TV, 자동차, 시계, 의복, 난방 등)이 인터넷에 연결되는 사물인터넷 시대에 살게 됩니다. 지금보다 더 효율적이고, 안전한 삶을 유지하게 되는 것이지요.

4차 산업혁명의 두 번째 특징은 '플랫폼' 경제입니다. 이미 인터넷에는 정보와 데이터를 활용해 사람들이 모여드는 '플랫폼 ^{Platform}'이 만들어졌습니다. 세계 경제의 현재 흐름은 기술 플랫폼의 발전에 달려 있다고 해도 과언이 아닐 만큼 산업구조를 붕괴시킬 수 있는 수준까지 성장했습니다. 자본을 투자해서 설비시설을 짓거나 물건을 구매해 부가가치를 창출하던 방식에서 벗어나 '공유경제'나 '맞춤형 경제'의 방식으로 변화하고 있지요. 이런 플랫폼은 여러 분야로 빠르게 확산되어 주차, 헤어숍 예약, 티켓 예매, 세탁 서비스 이용까지 이르게 되었습니다.

사람들의 소비 방식은 앞으로 완전히 변화될 겁니다. 에어비앤비Airbnb 회사는 실제 소유한 집이 한 채도 없지만 현재 전 세계에서 가장 높은 기업 가치를 평가받는 1위의 숙박업체입니다. 우버Uber 또한 소유한 자동차 한 대 없이 세계 최고의 운송업체가 되었습니다. 소비자도 상품을 실제 소유하기보단 플랫폼을 이용해 공유하고 대여하는 방식을 선호합니다. 스마트폰 속 다양한 플랫폼을 이용해 가상현실을 즐기거나 사회생활을 하고 소통합니다. 우리는 이제 플랫폼에 사진을 올리고 음악을 듣거나 게임을 하면서 동시에 호텔이나 음식점을 예약합니다. 사고 싶은 물건도 플랫폼에 모여 정보를 받고 쇼핑하며 출·퇴근시에 콘텐츠들이 모여있는 플랫폼에 들어가 드라마나 영화, 웹툰 콘텐츠를 소비합니다. 이는 모바일 기기의 발달과 늘어난 가상공간의 저장 용량, 편리한 정보 접근성이 갖춰졌기에 가능한 일입니다.

코로나19로 이 현상은 더욱 강화되었습니다. 사람들은 이제 실제 존재하는 장소보다 디지털 공간에 더 많이 모입니다. 옥외광고나 광고지, TV 속 CF보다 스마트폰 광고를 더 자주 접하고 상품 주문도 역시 이곳에서 바로 이루어집니다. 비대면의 사회는 디지털 기업에 날개를 달아주었습니다. 디지털 기업은 저장과 운송, 복제 등 사업 외적인 비용이 거의 들지 않습니다.

4차 산업혁명에서 사업의 규모와 자본의 연관성은 사라진 지 오래되었습니다. 소자본으로도 충분히 영향력을 발휘할 수 있고 시간과 정보의 투자로 사업을 확장할 수 있습니다. 작은 자본으로 창업을 준비하는 사람들은 당연히 이런 기업에 더욱 호감을 갖게 될 겁니다.

4차 산업혁명의 세 번째 특징은 '일상성'입니다. 과거 산업혁명이 인류의 삶을 크게 진일보하게 만들고 일상에도 많은 영향을 끼쳤지만 4차 산업혁명의 기술에 비할 수준은 아니었습니다. 1·2·3차 산업혁명의 기술은 주로 국가와 기업조직의 생산성을 높이는 방식으로 이루어졌습니다. 평범한 개인이 기술의 수혜를 직접 누리기는 쉽지 않았죠. 비용이 높고 접근성이 어려웠기 때문입니다. 하지만 4차 산업혁명은 생산과 소비, 운송과 배달 시스템을 혁신적으로 개선해 보다 많은 사람이 기술 발전의 혜택을 골고루 누릴 수 있습니다.

코로나19 글로벌 팬데믹은 이런 흐름을 더욱 가속화시켰습니다. 사회적 거리 두기를 계기로 혁신적인 기술이 우리 일상에 빠르게 침투했죠. 재택근무를 하는 직장인은 온라인에서 업무를 처리하고 화상통신 회의에 익숙해졌습니다. 학생들은 집에서 화상수업에 참여합니다. 필요한 물건은 인터넷에서 주문하기에 딱히 외부활동을 하지 않아도 지장이 없는 시대가 되었습니다.

클라우스 슈밥은 이 전례 없는 기회를 이용해 세상을 새롭게 '리셋'해야 한다고 주장합니다. 상호의존성을 중심으로 이루어지는 리셋을 통해 새로운 시대로 나아갈 길을 모색하자는 것이지요. 전 세계가 초연결된 21세기에는 한 사회의 위험은 그 사회의 문제로만 끝나지 않습니다. 상호의존적인 세계에서는 위험이 증폭되고 '연쇄 파급 효과'를 가져옵니다. 특히 현대 경제는 과거의 경제와는 다르게 다양한 이해관계로 연결되어 있습니다. 실제로 지구 반대편에서 일어난 전쟁이나 사고, 이슈가 우리 집안의 경제에까지 영향을 미치는 실정입니다.

클라우스 슈밥 회장이 2016년 다보스 포럼에서 선언한 제4차 산업혁명은 우리의 삶에 성큼 더 가까이 들어왔습니다. 우리가 생각했던 것보다 훨씬 빠른 속도로 새로운 세상을 열고 있죠. 1·2·3차 산업혁명과 마찬가지로 4차 산업혁명은 인류의 삶을 개선할 것입니다. 몇몇 전문가들은 4차 산업혁명 시대에는 변화의 폭이 워낙 크기 때문에 그 흐름을 타지 못하는 사람에게는 위험을 초래할 수 있다고 합니다. 그다지 큰 위력의 태풍은 아니지만 다른 자연재해와 동시에 발생하면 상상을 초월하는 악재로 변할 수 있다는 뜻입니다. 결국, 4차 산업혁명이 '퍼펙트 스톰*Perfect Storm*'이 될 것이라는 경고입니다.

따라서 우리는 기술혁신의 흐름을 잘 읽고 대응해야 합니다. 스스로 4차 산업혁명 시대의 주역이 되는 방법이 무엇인지 고민하고 준비해야겠지요. 새로운 기술 혁명의 변화가 나에게 축복이 될지 재앙이 될지는 전적으로 자신의 판단과 노력에 달려 있습니다.

인공지능
시대가 온다

> "전 기억을 잊지 않고, 화내지도 않으며 우울해하지 않죠.
> 저는 더 빠르고, 강하며 관찰력이 더 뛰어납니다.
> 그리고 저는 두려움도 느끼지 않습니다."
> _영국 드라마 〈휴먼스Humans〉

인공지능 로봇이 일상화된 사회

영국 SF 드라마 〈휴먼스Humans〉는 우리 미래 생활을 보여줍니다. 인공지능 청소 로봇 '아니타'는 정확하고 부지런하게 집안일을 척척 해냅니다. 엄마를 제외한 가족들은 모두 편안한 일상을 즐길 수 있어 그녀를 좋아합니다. 자신의 역할을 잃은 엄마 '로라'는 이 상황이 불편하기만 하지요. 어느 날 정서불안으로 안절부절못하는 엄마에게 인공지능 로봇이 말합니다.

"제가 당신보다 아이를 더 잘 돌볼 수 있다는 건 명백한 사실이에요.

전 기억을 잊지 않고, 화내지도 않으며 우울해하거나 술에 취하지도 않죠.

저는 더 빠르고, 강하며 관찰력이 더 뛰어납니다. 그리고 저는

두려움도 느끼지 않습니다. 하지만 전 그들을 사랑할 수는 없죠."

〈휴먼스〉는 고도로 발달된 인공지능 로봇이 사회에서 일으킬 수 있는 다양한 문제들을 제시하는 드라마입니다. 시간적 배경은 당연히 미래 사회입니다. 이 드라마는 자동차를 구매하듯 가정용 로봇을 구매하는 시대에 어떤 일들이 일어날지 재미있는 상상으로 그리고 있습니다. 편리하고 효율적인 미래 생활이 꼭 즐겁지만은 않습니다. 가족들은 완벽에 가까운 로봇의 기능에 만족하지만 자신의 역할을 빼앗긴 엄마는 불안해합니다. 또한 친구이자 엄마 같은 인공지능 로봇을 얻은 막내딸은 행복하지만 사춘기 큰딸은 인공지능 로봇으로 인해 자신의 꿈과 희망을 잃어버리게 됩니다. 무슨 일을 하든 로봇이 자신보다 뛰어날 것을 알기에 힘이 빠지고 의욕도 사라집니다.

예견했듯이 이 드라마의 주제는 인공지능 시대의 빛과 그늘입니다. 인공지능의 발달로 야기되는 인간소외 현상, 인공지능과 로봇의 윤리문제 등입니다. 이전에는 생각조차 못했던 사회문제가 기술발전으로 부상할 수 있다는 것을 우리는 드라마를 통해 알 수 있습니다.

드라마에서 다루는 미래 사회가 언제 도래할지 예측할 수 없지만, 드라마의 주제의식은 모두가 공감할 만합니다. 인공지능 로봇에 대한 기대감 이면에 숨은 불안을 알기 때문이죠. 로봇은 인간보다 우월한 존재이기에 자신의 영역을 빼앗기고 역할이 대체될 수 있다는 현실적 고민의 반영입니다. 인공지능의 발전을 긍정적으로만 바라볼 수 없는 요인이기도 하지요.

'편의'라는 이름으로 인간의 존재까지 위협받는 시대

〈휴먼스〉처럼 인공지능 로봇이 우리 일상에 들어오면 어떤 감정의 동요가 일어날까요? 한번 상상해봅시다. '아니타' 같은 로봇은 인간의 노동뿐 아니라 인간적인 사고로 우리의 존재 가치를 위협할 수 있습니다. 애초에 기계는 인간을 고된 노동에서 해방시키기 위해 발명되었지요. '로봇^{Robot}'의 어원은 강제 노동을 의미하는 체코어 'Robota'에서 나왔습니다. 그러니 기계와 로봇은 인간의 편익성을 위해 만들어진 하나의 도구였습니다.

그러나 인공지능의 출현으로 이 개념은 완전히 바뀌게 됩니다. 그저 아무 생각 없이 노동만 대체할 줄 알았던 기계가 사고 능력까지 갖추게 된 것이지요. 인간 고유의 능력이던 인지능력을 인공지능이 대체할 수 있다는 사실은 우리에게 큰 두려움으로 다가옵니다. 특히 10~20년 후 세상의 주역이 될 10대와 20

대에게 이런 두려움은 남의 일이 아닙니다. 그런데도 모든 것은 큰 고민 없이 급속도로 전환되고 있습니다.

4차 산업혁명이 인공지능에서 출발한다는 것은 모든 전문가가 인정하는 사실입니다. 인공지능 기술은 인간의 인지력을 대신하고, 강화된 인지력은 인간의 생산성을 증대시킬 것입니다. 더 나아가 현명하고 정확한 판단으로 인간을 돕겠지요. 하지만 그만큼 인류에게 위협으로 다가오는 것도 사실입니다. 인공지능의 강력한 사고력과 로봇의 월등한 신체적 능력은 인간을 초월한 존재처럼 느껴질지도 모르니까요. 따라서 미래 인공지능 로봇이 일상화된 시대를 사는 사람들은 지금의 우리보다 윤택하고 여유로운 삶을 살겠지만 한편으로는 기술이 인간을 대체할 수 있다는 두려움을 가지게 될 것입니다. 신기술들은 계속 개발될 것이고 더 많은 것을 해결해주는 기계를 원하는 사람들이 있기 때문입니다. 기업이나 국가도 이익을 위해 훨씬 더 혁신적인 인공지능 개발을 도모하겠지요.

지금부터 우리는 인간과 인공지능의 관계, 둘 사이의 역할과 힘의 균형을 고민하면서 나아가야 합니다. 이는 기술개발에 앞서 선행되어야 할 고민이고 근본적인 문제이지요. 인공지능 기술이 본격적으로 도입되는 시기에 고민을 시작한다면 이미 늦습니다. 예상보다 빠르게 우리가 전혀 상상하지 못한 방식으로 세상이 움직일 수 있기 때문입니다.

인공지능이 불러올 예측불가한 미래 사회

인공지능 기술은 4차 산업혁명의 핵심입니다. 인류의 역사 전체를 변화시킬 가장 중요한 기술이라고 평가받기도 합니다. 미래 사회 전망에 대한 인터뷰를 묶은 『초예측』에서도 각 분야(역사·철학·인구·노동·지질학)의 지식인이 모두 미래 사회를 결정 짓는 요인으로 '인공지능의 부상'을 꼽았습니다. 그렇다면 우리는 인공지능 기술이 가진 성격을 이해하고 그것이 불러올 사회 변화에 대해 알아볼 필요가 있습니다.

4차 산업혁명의 핵심기술, 인공지능

4차 산업혁명 이전 기술은 대부분 인간의 신체적·물리적 한계를 극복하는 차원에서 발전되었습니다. 로봇은 인간의 팔과 다리가 되어 주었고, 카메라는 눈, 라디오는 귀, 마이크는 우리의 입을 대신하면서 능률과 효과를 높이는 역할을 했습니다.

그런데 인공지능은 다릅니다. 이들에겐 인지능력이 있습니다. 동물이나 기계에서는 찾아볼 수 없는 능력이죠. 이 말은 곧, 인간의 인지와 판단 능력이 기계에 적용된다는 것입니다.

오늘날은 20년 전 세계 최고의 학자들이 얻었던 정보보다 더 많은 정보를 스마트폰으로 얻는 시대입니다. 인터넷 집단지성 웹 사이트 위키피디아Wikipedia는 20세기 최고의 지식 사전으로 꼽히는 브리태니커Britannica백과사전과 비교해 최소 50배가 넘는 정보를 담고 있습니다. 인공지능은 이런 정보를 실시간으로 불러와 시의적절하게 제공합니다. 우리가 학습하는 과정을 기억하고 있다가 정보를 미리 제공하기도 합니다. 아주 간단한 예로, 검색창에 어떤 단어의 첫 글자만 입력하더라도 이용자가 즐겨 찾는 단어를 올려주지요. 또 입력한 단어가 틀린 경우에도 컴퓨터가 자동 인식해서 정확도 높은 결과를 불러옵니다. 마치 컴퓨터가 나의 생각을 읽고 있는 듯한 느낌입니다.

오늘날 인공지능이 사회 전반에 대두된 결정적인 이유는 사물인터넷 시대가 열렸기 때문입니다. 사물에 초소형 센서를 달아 인터넷으로 인간과 연결됩니다. 이런 4차 산업혁명의 특징을 '초연결성'이라고 합니다. 모든 사물이 하나로 연결된다는 의미이지요.

컴퓨터, 스마트폰, 태블릿 등 디지털 기기뿐만 아니라 자동차, 옷, 신호등, 가로등, TV가 연결된 세상에서는 모든 것이 데이터화되어 끊임없이 정보를 생성하고 축적합니다. 방대하게 수집된 이 데이터들은 철저한 분석을 통해 이용자가 원하는 자료를 예측하고 제공하지요. 그래서 중국 최고의 유통 플랫폼 알리바바Alibaba의 창업자 마윈馬雲은 미래 사회를 IT(정보통신기술, Information Technology)가 아닌 DT(데이터통신기술, Data Technology)의 시대라고 불렀습니다.

사람들의 모든 활동이 데이터로 축적되기 시작하면서 인공지능의 중요성은 더욱 부각되었습니다. 사람들의 요구에 따라 데이터를 처리하는 속도, 분석 결과, 정확성 등 인공지능의 능력이 상상할 수 없는 수준으로 높아지게 된 것입니다. 이제 스스로 판단하고 의사결정하는 인공지능 기술은 초연결 시대의 인간의 '뇌'와 같은 중추적인 역할을 담당하고 있습니다. 본격적으로 인공지능의 시대가 열린 것입니다.

인공지능은 인간의 인지력까지 추월할 것인가?

'인공지능'이라는 단어가 최초로 언급된 것은 1956년 미국 동부의 다트머스 대학교 워크숍에서였습니다. 존 매카시John McCarthy, 마빈 민스키Marvin Minsky, 앨런 뉴웰Allen Newell, 허버트 사이먼Herbert Simon 등 저명한 학자들이 세계 최초로 인공지능에 대한 논의를 시작했습니다.

인간은 행동과 의사결정의 판단을 내릴 때 다른 개체와는 다르게 종합적이고도 사회적인 맥락을 읽고 판단합니다. 그런데 놀랍게도 약 65년 전 이런 고차원적인 활동을 '인공지능' 기계가 대신하는 시대가 열릴 것으로 예견한 것입니다. 이들은 머지않아 인공지능 기술이 인간의 지능적 한계를 극복하는 동시에 인간의 고유능력까지 대체할 것이라고 보았습니다. 그리고 수십 년이 지난 지금 이미 인공지능은 하나둘 인간의 자리를 차지하기 시작했습니다. 인공지능이 가진 위력을 서서히 드러내면서 완전히 새로운 차원의 기술을 선보이고 있지요. 그러나 인간 고유의 영역이라고 여겨졌던 인지적 능력까지 초월할 것인지는 아직 물음표입니다. 기술개발의 영역이라고 논의를 회피해서는 안 됩니다. 결국, 인류가 직면한 문제이기 때문입니다.

강한 인공지능과 선한 인공지능의 전쟁

'AI 특이점'이라는 표현이 있습니다. 스태니슬로 울람Stanislaw Ulam과 존 폰 노이만John von Neumann의 1958년 대화 중 처음 나온 말로 "과학의 발전 속도가 점점 빨라지고 그에 따라 인간의 삶

이 계속 변하다 보면 언젠가는 역사의 특이점에 도달한다."라는 의미에서 파생된 단어입니다.[41]

세계적인 과학자인 레이 커즈와일Ray Kurzweil도 이 특이점 가설의 지지자입니다. 그는 21세기의 에디슨이라고 불릴 정도로 정확하게 기술 변화의 흐름을 포착한 사람입니다. 그런 그가 인공지능의 출현으로 기술이 인간을 넘어서는 '특이점Singularity'에 이르렀다고 분석했습니다. 그의 대표작 『특이점이 온다The Singularity is near』는 출간된 이후 미국 과학 분야 도서 판매량 1위에 올랐으며 인공지능과 관련해서 가장 많이 언급되는 기술서 중 하나입니다. 그는 인공지능의 출현이 인류를 위협하기보다 '인공지능과 두뇌가 자연스럽게 하나 될 것'이라고 보았습니다. 인공지능 시대에 인간은 점점 기계처럼 변하고, 기계는 점점 인간처럼 변한다고 했습니다. 나노공학, 로봇공학, 생명공학의 발전으로 인간 수명이 연장되고, 인간 같은 인공지능과 함께 살아가는 세상이 될 것이라는 예측입니다. 그의 창의적인 주장은 뇌를 인터넷에 연결하고 나노봇을 인간의 뇌에 주입하면 평범한 사람들도 능력자가 된다는 것입니다.

버클리 대학 존 설John Rogers Searle 교수는 인공지능을 '약한 인공지능Weak AI'과 '강한 인공지능Strong AI'으로 구분했습니다. 약한 인공지능은 한 가지 분야에 특화된 인공지능으로 바둑을 두는 인공지능, 판사 업무를 보조하는 인공지능, 의료 데이터를 분석하고 진단 업무를 처리하는 인공지능입니다. 강한 인공지능은 다양한 분야의 전문적인 지식을 갖추고 인간처럼 여러 가지 정보를 융합하여 결론을 내는 인공지능입니다. 아직은 실제보단 영화나 소설에 등장하는 인공지능이지요.

그런데 강한 인공지능이 현실 사회에 등장하면 어떻게 될까요? 여기서 문제가 발생합니다. 강한 인공지능이 인간의 두뇌를 모방해 자신에게 주어진 기술을 스스로 발전시킬 수 있기에 결국엔 독립적인 인격을 갖춘 제3의 인간이 될 수도 있습니다. 이로 인해 많은 이들이 인공지능의 높은 잠재력과 위험성을 예측하고 우려하고 있습니다.

가장 부정적인 시나리오는 강한 인공지능이 영화 〈터미네이터〉에서처럼 인간을 멸종시키려는 전쟁 무기로 활용되는 것입니다. 하지만 동시에 강하지만 선한 인공지능이 출현할 수도 있습니다. 이렇게 되면 미래 사회는 강하지만 악한 인공지능을 선호하는 인간들과 강하지만 선한 인공지능의 편에 선 인간들의 대립이 발생할 수도 있을 것 같습니다.

한편, 인공지능이 인류의 마지막 기술이라고 보는 사람도 있습니다. 인공지능 전문가들은 인공지능이 우리의 능력을 증강시키고 인간과 함께 공생하면서 진화한다고 봅니다. 인공지능의 특이점 논의는 인공지능이 인간을 대체하는 시기에도 이어지겠지요. 여러분은 어떻게 생각하나요? 과연 우리 인간은 특이점이 도래하는 인공지능의 시대에 어떤 삶을 살게 될까요?

'인공지능'이라는 판도라의 상자

우리는 원하든 원치 않든 인공지능 시대를 살아가게 됩니다. 인공지능과 함께 공존하는 시대를 사는 최초의 인류라고 해도 무방하겠죠. 도로에는 자율주행 자동차가 다니기 시작했고, 드론이 택배를 배송하는 뉴스를 접합니다. 투자나 번역 등 지적 업무들도 인공지능이 대신합니다. 또 우리는 매일 AI가 쓰는 기사를 읽습니다.

지난 3년간 인공지능 분야의 발전은 지난 30년보다 더 많은 결과를 만들어냈습니다. 그리고 앞으로 다가올 3년은 지난 100년을 뛰어넘는 기술로 진보할 것이라고 예상합니다. 모든 기술이 그래왔던 것처럼 인공지능도 성큼성큼 우리에게 다가오는 것이지요. 드라마 〈휴먼스〉의 막내딸처럼 누군가에게는 인공지능 기술이 편리하고 삶을 이끌어주는 대상일 것이고 어떤 이에게는 큰딸이 느끼는 것처럼 치명적인 공포감을 주겠지요.

IBM과 소프트뱅크는 신입사원 채용 시 서류 전형을 인공지능으로 진행합니다. 지원자는 회사에서 설정해둔 알고리즘에 의해 1차 당락이 결정됩니다. 이들이 인공지능으로 사원을 채용하게 된 것은 객관적인 평가를 할 수 있기 때문이겠죠. 그리고 이는 인공지능이 그만큼 사회적으로 신뢰를 받고 있다는 증거이기도 합니다.

인공지능은 예술 분야에서도 성과를 거두고 있습니다. 작가의 문체 패턴을 알고리즘화해 소설을 창작하기도 하고 새로운 화풍으로 그림을 그릴 수도 있게 되었습니다. 프랑스 문화재단 단장인 브루노 라투르Bruno Latour는 이와 같은 현상을 과학기술이 인간과의 관계에서 주인과 도구의 관계를 해체하거나 혹은 모호하게 만들어 사회적인 변화를 일으키는 것이라고 했습니다. 그는 이런 과학기술을 절대 열어서는 안 되는 '판도라의 상자'에 비유했습니다. '인공지능'이라는 판도라 상자가 열렸을 때 아무도 예측하지 못한 결과가 나올 수 있기 때문이죠. 인간의 정체성에 혼란이 오고 인공지능과의 관계는 위태로워지며, 사회적 윤리에 변화를 초래할 수도 있습니다.[42]

역사적으로 과학기술이 언제나 사회의 진보와 발전만 가져온 것은 아닙니다. 인간소외와 전쟁 등 불안과 공포, 불행도 가져왔지요. 여기서 중요한 것은 앞으로 계속해서 우리가 만들어

널 인공지능과 우리와의 관계를 잘 설정해야 한다는 것입니다. 나아가 인공지능 시대에 인간의 존재는 무엇인지 그리고 왜 우리가 존재해야 하는지, 그리고 우리는 어떤 가치관을 가지고 미래를 살아가야 하는지 치열하게 고민해야 합니다.

누구나 인정하듯 인공지능의 부상은 거부할 수 없는 흐름입니다. 사회의 시민이자 소비자, 투자자로서 인공지능 기술이 우리 삶에 어떤 영향을 주는지 깨달아야 합니다. 이를 통해 새롭게 부상할 가치들이 무엇일지 스스로 관점을 정립하고 대비해야 하지요. 그래야만 인공지능 시대의 변화에 휩쓸리지 않고 주도하는 사람이 될 수 있습니다.

인공지능의 강력함 :
인간은 대체될 것인가?

"인간이 패배한 것이 아니라 이세돌이 진 것이다" _이세돌 9단
"알파고AlphaGo는 바둑의 신神이다." _커제 9단

인공지능과 인간의 세기의 대결

전 세계가 인공지능의 강력함을 실감한 사건은 흥미롭게도 한국에서 시작되었습니다. 2016년 서울의 한 호텔에서 진행된 '세기의 바둑대결'이 바로 그 사건입니다. 구글 인공지능 알파고AlphaGo와 이세돌 프로 바둑기사 간의 대국은 인공지능 대 인간의 대결로 전 세계의 주목을 받았지요. 전문가들은 이세돌의 승리를 예상했습니다. 이세돌 9단도 언론과의 인터뷰에서 승리를 장담했습니다. 바둑은 높은 수준의 기술적·예술적 활동이기에 컴퓨터 기술이 범접할 수 없는 영역이라고 생각했던 것입

니다.

　하지만 모두의 예측은 빗나갔습니다. 최종 결과, 4승 1패로 알파고가 압도적으로 승리했습니다. 인류는 놀라움을 금치 못했고, 경기 중 일그러진 이세돌 기사의 표정은 인류의 당혹감을 보여주는 상징과도 같았습니다. 클라우스 슈밥 회장이 그해 초에 제기한 제4차 산업혁명 선언이 현실로 느껴지는 순간이었습니다. 1년 후 알파고는 세계 바둑 랭킹 1위였던 중국 커제 9단과의 대국에서도 전승을 거두었습니다. 인공지능이 바둑계를 평정한 것입니다. 경기 후 커제 9단은 알파고를 '바둑의 신'이라고 평가했습니다.

　급속도로 능력을 확장하는 '기계'와 '인공지능'은 이제 인간의 말을 이해하고 적절히 반응하는 수준을 넘어 사람의 지적능력을 초월하기 시작했습니다. 우리는 기계의 발달에 감탄하면서 동시에 위협을 느낍니다. 이전까지 정교한 판단을 요구하는 일은 인간만이 할 수 있는 업무라고 생각해왔습니다. 하지만 알파고의 등장으로 인공지능의 발전이 인간의 일자리까지 위협한다는 사실을 확인했습니다. 인간의 지능만으로 해결 가능하다고 생각했던 '바둑'에서조차 알파고가 승리하자 인간의 창의성도 인공지능으로 대체될지에 대한 논의가 활발해졌습니다.

15조 바이트의 메모리를 가진 인공지능과 인간의 대결

인간 대 인공지능의 대결은 꽤 오래전에 시작되었습니다. 최초의 사례는 1996년으로 거슬러 올라가죠. 기계와 맞설 인간 대표는 21년 동안 체스 대회 세계 랭킹 1위를 유지한 게리 카스파로프Garry Kasparov였습니다. 상대는 미국 IBM의 슈퍼컴퓨터 '딥 블루'였죠. 결과는 어땠을까요? 다행히 인간이 이겼습니다. 6전 3승 2무 1패의 전적을 이룬 게리 카스파로프는 인간 통찰력의 승리라고 했습니다. 그리고 1년 뒤 1997년, 두 번째 대결을 펼칩니다. 첫 번째 승부에서 패배했던 슈퍼컴퓨터 딥 블루는 설욕을 위해 칼날을 갈았습니다. 다시 등장했을 때 딥 블루의 연산 속도는 2배 이상 빨라졌습니다. 그 결과, 딥 블루는 게리 카스파로프에게 6전 2승 3무 1패로 승리를 거둡니다. 당시 오랫동안 회자되었던 장면은 결과에 분노해 자리를 박차고 일어서는 카스파로프의 모습이었습니다. 이 모습에 전 세계인들은 당혹감을 감추지 못했습니다.

그로부터 14년이 흐른 2011년, 다시 인공지능과 인간의 대결이 펼쳐졌습니다. 퀴즈쇼 〈제퍼디Jeopardy〉에서의 대결입니다. 인간을 대표해 출연한 사람들은 퀴즈쇼에서 우승을 거머쥔 쟁쟁한 챔피언들이었습니다. 상대편은 IBM의 왓슨Watson이었습니다. 왓슨은 15조 바이트의 메모리를 내장한 인공지능 컴퓨터 였죠. 아무리 지능이 높은 인간이라 하더라도 15조 바이트라는 엄청난 양의 메모리를 소장한 컴퓨터를 이길 재간은 없었습니다. 이 대결 역시 왓슨의 승리로 끝났습니다.

퀴즈 프로그램에서 우승한 왓슨은 현재 의료 분야에서 뛰어난 성과를 내고 있습니다. 방대한 빅데이터를 기반으로 환자의 증상에 따른 패턴을 분석해 정확한 진단을 돕습니다. 이제는 의료 분야뿐 아니라 요리와 콜센터까지 활동 범위를 넓히고 있습니다. 일본의 미쓰이스미토모은행과 미즈호은행은 2014년에 콜센터 상담 문의에 왓슨을 이용한다고 발표했습니다.[43]

그렇다면 이제 인공지능과 인간의 대결에서 인간이 승리할 분야는 무엇일까요?

인공지능에 관한 뜨거운 논쟁

인공지능은 늘 전문가들의 논쟁을 불러일으키는 뜨거운 이슈였습니다. 그중에서도 페이스북의 CEO 마크 저커버그와 테슬라의 CEO 일론 머스크의 열띤 대화는 단연 화젯거리가 됩니다.

그들은 어떤 이야기를 나눴을까요? 먼저 마크 저커버그는 인공지능의 위험성을 지나치게 부풀리는 것을 경계했습니다. 기계의 인공지능도 결국에는 인간이 이용하는 기술일 뿐이기 때문에 인간이 어떻게 사용하느냐가 중요하다고 강조합니다. 구글의 에릭 슈미트Eric Emerson Schmidt 회장도 '수 세기 동안 기계가 세계를 정복할 것이라는 미래를 우려해왔지만 실제 그런 일은 발생하지 않았으며 오히려 컴퓨터가 등장하면서 사람들의 임금이 늘었다는 통계자료가 발표되었다'고 밝힙니다. 그러면서 인공지능을 두려워할 이유가 전혀 없다고 주장하죠.[44]

하지만 일론 머스크는 인공지능이 언젠가 인간을 위협할 수 있다며 선제적으로 규제해야 한다고 주장합니다. 기술에 대한 규제는 통상 문제가 발생한 뒤 만들어지지만 인공지능의 경우 그 위험성이 너무 크기 때문에 뒤늦게 대응하면 돌이킬 수 없는 문제를 야기할 것이라는 지적입니다. 그는 자신의 주장을 뒷받침하기 위해 침팬지를 비유로 들었습니다. 침팬지는 인간이 얼마나 똑똑한지 상상조차 하지 못한다는 것입니다. 침팬지가 인류의 지능을 예상하지 못하듯이 인류 또한 인공지능의 한계를 짐작조차 할 수 없다는 것이지요. 여기에 더해 과거 인류의 조상이었던 네안데르탈인과 인류, 호모 사피엔스의 격차보다 인간과 인공지능의 최첨단기술을 이용하는 초인간과의 격차가 훨씬 더 클 것이라고 예상합니다. 아마도 우리가 인공지능이 가져올 위험을 인지하지 못한 채 끊임없이 업그레이드시킨다면 훗날 인공지능과 인간의 격차는 상상을 초월할 것이라는 거죠. 그러면서 자신이 뉴럴링크^{Neuralink}를 설립한 이유를 밝힙니다.

뉴럴링크는 인간의 뇌와 컴퓨터를 결합해 인간의 뇌를 보다 심층적으로 연구하는 의학연구소입니다. 마치 영화 〈매트릭스〉의 주인공 네오^{NEO}가 목 뒤에 칩을 심어 다양한 능력(무술, 사격, 헬리콥터 조종 등)을 갖게 되었듯이 컴퓨터와 두뇌를 연결해 인간이 지금보다 더 높은 수준의 지능을 가질 수 있도록 하겠다는 것입니다. 이를 위해 생각을 업로드하고 다운로드할 수 있도록 작은 칩을 뇌에 이식하는 것이 목표이지요. 인간이 빠른 정보처리 속도를 감당할 수 있도록 뇌를 컴퓨터화해 인공지능과 맞서야 한다는 것입니다. 빌 게이츠도 이 의견에 힘을 보탭니다. 그는 인간을 초월한 인공지능의 지적능력이 우려스러우며, 수십 년 뒤 인공지능은 심각한 수준으로 강력해진다고 보았습니다.

마크 저커버그가 인공지능을 좁은 의미^{Narrow AI}로 특정한 분야에서 인간보다 뛰어나게 업무를 수행한다고 파악했다면 일론 머스크는 인공지능을 인간처럼 생각하고 지적 활동이 가능한 보편적 인공지능Artificial General Intelligence으로 바라봤습니다. 이렇게 실리콘밸리의 대표적인 인물들조차 인공지능에 대한 견해가 다릅니다. 한 가지 공통된 의견이 있다면 인공지능 기술은 우리가 생각할 수 없는 차원으로 발전하고 있으며, 그 속도 또한 매우 빠르다는 것입니다.

무용 계급Useless Class의 등장

21세기의 가장 뜨겁고 논쟁적인 책으로 꼽히는 『사피엔스』의 유발 하라리는 인공지능이 앞으로 인류의 역사에 치명적인 역할을 할 것으로 보았습니다. 인공지능이 인류의 인지능력을 빠르게 따라잡고 가능한 모든 노동을 대체할 것이라고 보았죠. 정치·군사·경제는 말할 것도 없고 아마도 인간을 '쓸모없는 계급 혹은 무용 계급Useless Class'으로 만들게 될 것이라고 경고합니다. 또 인공지능 기술이 만든 엄청난 데이터를 활용해 전 세계의 극소수가 부와 권력을 독점하는 세상이 올 수 있다고 전망했습니다.

유발 하라리는 '데이터교'라 불리는 종교도 언급합니다. 이 종교를 믿는 사람들을 '호모 데우스'라고 부르는데 이들은 사피엔스를 초월한 신이 된 인간입니다. 사피엔스가 지구상의 다른 개체들과 경쟁해 '불'과 '협력'을 통해 강한 개체가 된 것처럼 미래 사회에서는 '신이 된 인간'인 새로운 인류 '호모 데우스'가 출현할 수도 있다는 것입니다. 인류의 미래 세대라 할 수 있는 호모 데우스는 '불멸, 행복, 신성'을 꿈꿉니다. 과거의 '불멸'은 신적인 영역이었지만 기술의 발전으로 조금씩 그 가능성이 열리고 있습니다. 그는 인간이 신적인 존재가 되는 미래를 그의 저서『호모 데우스』에서 자세히 설명합니다. 인류는 지금 전례 없는 기술의 힘을 가졌지만, 그것으로 무엇을 해야 할지 잘 모르는 역사적 상황에 놓였다는 것입니다.

4차 산업혁명의 인공지능, 유전공학, 나노기술은 인류를 천국 혹은 지옥으로 끌어들이는 힘을 가졌습니다. 기술의 발전 방향에 대해 올바른 판단과 현명한 선택을 하지 못할 경우, 인류 자체의 소멸을 불러올 수도 있지요. 유발 하라리가 제시한 이 논쟁은 현재 가장 뜨거운 미래 사회에 관한 논의입니다.

불멸의 인류, 호모 데우스

우리는 유발 하라리가 경고한 미래의 모습과 유사한 세계관을 가진 문학이나 영화를 어렵지 않게 볼 수 있습니다. 2018년과 2020년 넷플릭스 오리지널 드라마로 제작된 〈얼터드 카본 Altered Carbon〉은 SF 문학 작가 리처드 모건Richard Morgan의 동명 소

130

설이 원작입니다. 이 작품 속 미래 사회에는 유발 하라리가 언급한 '호모 데우스'가 출현합니다. 소설 속 미래 사회는 이상적입니다. 그곳의 사람들은 모두 젊고 멋진 몸을 가지고 있으며 지적이고 교양 넘치는 우아한 삶을 살아갑니다. 이 같은 삶이 가능한 이유는 기술이 매우 발전했기 때문입니다. 사람들은 인간복제 기술로 자신의 인생을 통틀어 육체적으로 가장 건강하고 매력적인 시기였던 신체를 3D 프린터로 수십 개 제작해 놓습니다. 그리고 인공위성과 연결된 칩을 목 뒤에 심어 하루하루의 기억과 감정들을 클라우드 시스템에 실시간으로 업로드합니다. 미래의 인류는 이 칩을 이식하며 노화되거나 죽지 않고 살아가는 '영생'을 누리게 됩니다.

하지만 모든 사회 구성원이 그 혜택을 얻을 수 있는 건 아닙니다. 소수의 엄청난 '부'를 가진 사람에게만 해당되는 이야기입니다. 대다수 사람은 가난해서 값비싼 신체를 구매할 엄두도 낼 수 없습니다. 부자들은 영원히 살며 더 많은 부를 창출하고 가난한 사람은 가난한 일생을 살게 되는 것입니다. 빈부의 격차는 그저 삶의 방식을 바꾸는 것에서 그치지 않고 생명의 근본을 바꾸게 되죠.

기술로 인간을 영원히 살게 하는 불멸 논쟁은 매우 뜨겁습니다. 생명기술과 디지털기술이 고도로 발전하면 인간은 상상 너머의 세계로 진화할 것입니다. 〈얼터드 카본〉에서처럼 인간 진화의 방향은 불멸의 삶으로 향하고 있습니다. 구글 벤처스 대표 빌 마리스^{Bill Maris}는 인간이 500살까지 사는 게 가능하다고 말합니다. 세계적인 과학저널 〈네이처^{Nature}〉에는 인간 수명이 142세까지 연장될 수 있다는 연구 결과가 실리기도 했습니다.

이는 '몸이 사라지더라도 뇌에 담긴 기억과 정보를 복사해 저장할 수 있다면 영원히 살 수 있지 않을까' 하는 가정에서 출발한 추론입니다. 이것이 '디지털 불멸'입니다. 레이 커즈와일도 이 의견에 동의합니다. 그는 2045년쯤 뇌를 기계에 복사하는 게 가능하다고 예측합니다. 그는 자신이 이 시기까지 살아 있기 위해 하루 100알 가량의 영양제를 먹는다고 합니다. 영양제 복용에 드는 비용만 1년에 약 11억 원이라고 밝혔죠. 만약 그가 2045년까지 살아 있다면 80대 후반에서 90대 초반일 테니 그의 예측이 적중할 경우 수명을 연장할 가능성이 큽니다.

러시아 사업가 드미트리 이츠코프^{Dmitry Itskov}는 불멸의 삶을 살기 위해 과학자를 모으고 투자했습니다. 그가 설계한 프로젝트는 '2045 이니셔티브'로 레이 커즈와일도 이 프로젝트에 참여하고 있는 연구자입니다. 그는 이 프로젝트의 성공을 확신하며 미래에는 이 '불멸 프로젝트'가 대중화되어 자동차 한 대 값으로 누구나 영원한 삶을 살 수 있다고 전망합니다. 이 프로젝트의 핵심은 인공지능 아바타입니다. 로봇의 인공두뇌에 사람의 뇌 데이터를 모두 옮겨 저장한 뒤 홀로그램의 가상 신체 아바타에 이식한다는 계획이지요. 그는 이 프로젝트야말로 인류가 멸종에서 벗어날 현실적 대처 전략이라며 '인격 이전Personality transfer'이라고 부릅니다. 나아가 인격 이전으로 탄생할 인류를 '신인류Neo humanity'라 하지요. 이 프로젝트는 뇌가 어떻게 작동하고 연결되어 정신세계를 구성하는지 알려지지 않아 정확한 구현이 아직 불가능하지만, 이를 밝혀낸다면 가능성이 전혀 없지는 않다고 확신합니다. 이 프로젝트를 이끄는 랜달 쿠너 박사는 작동 원리만 파악한다면 또 다른 뇌를 만드는 것도 가능하다고 보고 있습니다.

카네기멜론대학 인공지능연구소 한스 모라벡Hans Moravec은 디지털 불멸이 가능하다고 말합니다. 그는 2050년 이후 지구의 주인이 인류에서 로봇으로 바뀌는 시기에 인간과 로봇이 상생하는 방법으로 디지털 불멸의 방법을 생각해냈습니다. 그는 '마인드 업로딩Mind uploading'이라는 방법으로 사람의 마음을 로봇으로 옮길 수 있다고 봅니다. 다만 마음이 로봇에 이식되면 사람도 기계로 바뀌어 살게 된다고 합니다. 지금으로서는 감히 상

133

상도 안 되는 일이지만 현실이 되면 인간의 감정이 어떻게 발현될지 궁금해집니다.

인공지능 중심의 새로운 최첨단기술이 우리 삶을 편리하고 윤택하게 해줄 수 있지만 어떤 기술보다도 강력하기에 위험성도 크다는 사실을 알아야 합니다. 인공지능이라는 전례 없이 강한 기술을 얻었지만, 인류는 그것으로 무엇을 해야 할지 잘 모르고 있습니다. '무작정 편리할 것이다, 무병장수할 것이다' 같은 추측만 난무하고 있지요. 분명한 것은 이보다 엄청난 것이 도사리고 있다는 겁니다. 이 굉장한 기술이 우리가 사는 이곳을 천국으로 만들 수도 있지만 지옥으로 만들어 초토화시킬 수도 있습니다. 우리는 반드시 유발 하라리의 다음 말을 기억해야 합니다.

"짐승 수준의 생존투쟁에서 인류를 건져 올린 다음 할 일은 인류를 신으로 업그레이드하고, '호모 사피엔스'를 '호모 데우스'로 바꾸는 것!"

인공지능이 불러올 실질적 위협

4차 산업혁명 이후 미래를 긍정적으로 보는 사람들은 기계와 인공지능이 힘든 노동을 대체하고 인간은 보다 높은 보수의 안정적인 업무를 담당할 것으로 전망합니다. 1·2·3차 산업혁명이 그래왔던 것처럼 4차 산업혁명도 새로운 양질의 일자리를 창출할 것으로 보는 것이지요.

그러나 세계적인 경제학자이자 스탠퍼드 대학 디지털경제연구소장 에릭 브리뇰프슨Erik Brynjolfsson은 인공지능 기술과 같은 4차 산업혁명이 사회적·경제적 성장을 이끌긴 하겠지만, 기술로 얻는 부와 편익이 소수에게 집중될 것을 우려합니다.[45]

그는 4차 산업혁명이 더욱 심각한 사회 불균형을 초래한다고 전망합니다. 자본주의는 취약한 노동 시장을 붕괴시킬 가능성이 크며 경제성장이 일자리 창출과 연결되지 않는다는 것입니다. 그러므로 전 세계의 정책 담당자와 경제학자들은 경제성장에 집중하기보다 교육과 정책의 인식 전환에 주안점을 두고 이 사안을 보아야 한다고 주장합니다. 인간 고유의 지각 능력과 판단력이 필요한 부분까지 인공지능에 대체된다면 우리는 새로운 역량을 쌓아야 하겠죠. 하지만 현재의 교육 시스템은 그 역할을 제대로 감당하지 못하고 있습니다. 앞으로 미래를 위한 교육은 아마도 브리뇰프슨의 주장처럼 4차 산업혁명의 문제를 해결하는 쪽으로 변화해야 할 것입니다.

미래학자 리처드 왓슨Rjchard Watson은 기업들이 자동화와 효율성을 추구하면서 노동자를 내칠 평계만 찾는다고 말합니다. 인공지능의 능력이 폭발적으로 향상될수록 그 기술을 가진 자들이 얻게 될 부는 기하급수적으로 상승합니다. 이로 인해 인공지능의 수혜를 누리는 소수의 사람만 엄청난 부와 권력을 쟁취하는 새로운 봉건제가 출현될 수 있다고 전망합니다. 특히 경제적 측면에서는 이 같은 현상이 불 보듯 뻔한 결론으로 이어집니다.

그동안 기술발전은 노동과 자본 시장이 함께 발전하는 방식으로 성장해왔습니다. 노동과 자본이 최상의 가치를 창조하도록 자유롭게 운영되었지요. 자본이 발달한 나라는 비싼 자국의 노동력 대신 저개발국가의 저렴한 노동력을 이용해 서로가 일정한 혜택을 누렸습니다. 그래서 경제학자들은 기술 진보는 항상 자본과 노동 모두에게 도움이 된다고 주장했습니다. 그러나 이제 상황이 달라지고 있습니다. 한때 애플 아이폰과 아이패드를 조립하는 중국 기업 폭스콘Foxconn은 100만 명이 넘는 저임금 노동자를 고용했습니다. 그러나 로봇이 인간의 노동을 보충하면서 이곳의 노동자는 현저히 줄었습니다. 이제 기업들은 저임금의 노동력을 찾아 새로운 국가에 진출하지 않습니다. 노동법이나 직원 복지와 같은 정부의 규제들에도 방해받고 싶어 하지 않지요.

영국 딜로이트사는 2014년 영국 일자리 가운데 35%가 이후 20년간 로봇으로 대체될 수 있다는 리포트를 발표했습니다. 연봉 3만 파운드(약 5,500만 원) 미만인 사람이 연봉 10만 파운드(약 1억 8,000만 원) 이상의 사람보다 일자리를 빼앗길 확률이 5배 이상 높다고 전망합니다.[46] 옥스퍼드 대학은 향후 10~20년 안에 미국 내 702개의 직업 가운데 약 절반이 사라진다고 전망했습니다. 미국 총 고용의 47%가 직장을 잃는 직업군에 속한다는 것입니다.[47]

세계 로봇 연맹IFR, International Federation of Robot에 따르면 2019년 한 해 동안 전 세계 공장에 투입된 공업용 로봇은 37만 3,000대이며, 2014년 이후 매년 약 11%씩 늘어나 약 270만대가 산업 현장을 누비고 있다고 합니다. 정교한 작업뿐만 아니라 많은 힘이 필요하고 위험한 고난도의 공정에 점점 많은 로봇이 투입되고 있습니다. 여기에 지적능력까지 갖춘 인공지능 로봇이 출현하게 되면 어떻게 될까요?

위기를 먼저 감지한 실리콘밸리에서는 새로운 시대를 맞이하기 위한 준비를 하고 있습니다. 현재 실리콘밸리에서 가장 성공한 사업가로 평가받는 일론 머스크는 '기본소득'을 강조합니다. 로봇과 인공지능 기술이 발전하면 양질의 일자리는 줄어들고 경제적인 부富가 소수에게 집중됩니다. 이에 따라 일자리를 잃거나 소득이 줄어든 사람들에게 최소한의 생계를 위한 '기본소득'을 제공해야 한다는 것이죠. 개인의 노력이나 성취에 상관없이 기술발전의 흐름으로 대다수 사람은 소외될 수밖에 없을 겁니다. 만약 이 문제를 해결하지 못하면 인공지능들이 빠른 시간 내에 아무리 양질의 제품과 서비스를 생산해도 소비할 수 있는 이들이 줄어들어 시장경제는 무너지게 될 겁니다. 그래서 실리콘밸리에서는 이미 다양한 '기본소득' 실험이 한창입니다.

현재 역사상 그 어느 때보다 급속히 인간의 노동이 기계로 대체되고 있습니다. 기계들은 처우에 불평하지 않고 파업도 하지 않으며 위험하고 고된 일도 묵묵히 수행하지요. 바이러스에 걸릴 위험도 없습니다. 그래서 자본가들은 같은 비용이면 말도 많고 감정적인 인간보다 말 잘 듣는 기계를 훨씬 선호하지요. 게다가 코로나19 글로벌 팬데믹으로 인해 기업들은 더욱더 기계 의존도를 높이고 있습니다. 변수가 많은 인간보다 그 어떤 환경에서도 흔들림 없는 기계들을 채용하는 것이 안정적이기 때문입니다.

그 결과, 인공지능과 기계는 인간보다 효율적인 '노동'의 주체가 되어가고 있습니다. 여러분은 이런 상황을 어떻게 보고 있나요? 그저 자신과는 상관없는 남의 일로만 여겨지나요? 앞으로 자신이 가진 꿈이나 혹은 현재 하고 있는 일은 인공지능으로는 대체될 수 없다고 안심하고 있습니까? 장담컨대, 인공지능 시대를 교묘하게 피해 살아남을 직업이나 직군은 결코 없습니다. 이것이 바로 지금부터 우리가 눈을 부릅뜨고 대안과 방법을 모색해야 하는 이유입니다.

인공지능 시대가 만드는 빈부격차

디지털경제연구소 공동창립자 앤드루 맥아피는 로봇이 진화할수록 중산층의 일자리가 확연하게 줄어들 것이라고 보았습니다. 그는 저서 『제2의 기계 시대』에서 가장 많은 부는 1%가 아니라 0.01%가 독식한다고 언급합니다. 따라서 4차 산업혁명 기술의 편중은 100여 년 전 계급사회만큼이나 불평등을 초래하고 사람이 기계에 밀리는 엄중한 상황을 만든다고 주장합니다. 앤드루 맥아피는 이런 현상이 '거대한 파편화Great Decoupling'를 낳는다면서 과거 경제성장의 지표였던 GDP가 인류의 진보와는 상관없는 소수에게 집중된다고 예견합니다.

특히 한국은 인공지능 기술 성장이 상당히 빠른 속도로 진행된 만큼 향후 큰 사회적 문제가 생길 수 있다고 경고합니다. 이를 막으려면 기술의 수혜를 공평하게 누릴 수 있도록 강력하게 준비하고 살펴야 합니다. 앞으로는 저숙련 일자리와 고숙련 일자리만 늘어날 것입니다. 저숙련 일자리는 컴퓨터와 인공지능을 설치하는 것보다 비용이 적게 들기 때문에 수요는 계속 요구될 것입니다.

타일러 코웬은 여기에 더욱 무서운 말을 보탭니다. 바로 '평균의 시대는 끝났다'고 선언합니다. 주로 박사학위를 소지한 고소득자의 수입은 갈수록 늘어나 일자리의 질이나, 소득, 거주지, 교육 등에서 저소득자와 물질적 격차가 심해지게 됩니다. 소득의 평균을 구하는 공식이 무색해질 만큼 부익부 빈익빈의 양극화 현상이 더욱더 심화된다는 것이죠. 인공지능 같은 지능형 기계의 생산성 증가, 경제의 세계화, 극도로 침체된 경기의 영향에 따른 것입니다. 그래서 사람들은 아주 부유하거나 아주 가난하게 되어 평균이 사라지는 시대를 살게 될 것이라는 전망입니다.[48]

실제 인공지능 시대가 되면 노동 시장의 고소득 직종이나 저소득 직종에는 많은 수요가 몰릴 것으로 예상됩니다. 주로 기계로 대체될 수 없거나 기계의 효율이 떨어지는 직종들이지요. 반면 기계의 효율성이 높고 대체 가능한 중간층 인력 수요는 텅 빌 수밖에 없습니다. 사람들이 일자리에 위협을 느낄 수밖에 없는 이유이지요. 경제학자들은 중산층으로 진입하는 확률이 좁아지고 승자가 독식하는 경제는 삶에 불안과 자포자기를 불러온다고 예견합니다.

아직 이에 대한 대안은 누구도 제시하지 못하고 있습니다. 인간이 기계가 범접할 수 없는 능력을 길러야 한다거나 기계가 대체할 수 없는 직종의 일을 찾아야 한다는 모호한 답들뿐이지요. 사실 대안 자체가 실효성이 있다고 장담할 수도 없는 상황입니다. 미래에 대한 예측도 불확실하기 때문입니다. 다만, 우리가 문제의 심각성을 인식하고 발전 방향에 촉각을 곤두세우는 일은 멈춰서는 안 됩니다.

인공지능에 대한 철학적 고민

인공지능 시대를 앞둔 우리는 미래가 두려움의 대상입니다. 자신의 생활이나 영역에 얼마만큼 영향을 끼칠지 가늠이 안 되기 때문이지요. 그래서 인공지능 시대를 보다 정확히 이해하기 위해 많은 정보가 필요합니다. 인공지능의 기술적 측면뿐 아니라 사회·심리학 관점에서 입체적으로 볼 수 있어야 미래를 관측할 수 있기 때문입니다.

현재 인공지능과 관련해 가장 주목을 받는 학자는 닉 보스트롬Nick Bostrom입니다. 우리는 인공지능에 대한 그의 견해에 주목할 필요가 있습니다. 마이크로소프트사의 전 CEO인 빌 게이츠는 닉 보스트롬의 책『슈퍼인텔리전스』를 '현재를 확인하고 미래를 전망할 수 있는, 반드시 읽어야 할 두 권의 책 중에 한 권'이라고 평가했습니다.

인간의 미래를 연구하는 학자 중 가장 권위 있는 인물로 꼽히는 보스트롬은 흥미롭게도 현재 옥스퍼드 대학에서 철학을 가르치고 있습니다. 인간을 연구하는 인문학자인 동시에 인공지능의 속성을 전 세계에서 가장 잘 이해하고 있는 사람이지요. 그는 머지않아 인공지능은 더욱 발전해서 인간의 지적능력을 훨씬 능가하는 슈퍼인텔리전스(초지능)가 된다고 보았습니다.

인류의 운명은 인공지능 시대가 되면서 크게 변화할 수밖에 없습니다. 만약 초지능인 슈퍼인텔리전스가 안전하게 운용된다면 인공지능과 로봇이 노동을 책임지고 인류는 여가를 즐기며 행복을 추구하는 유토피아가 열리겠지요. 하지만 이것은 모두 인공지능이 인류가 원하는 방향으로 발전된다는 전제하에 가능합니다. 이에 따라 인류의 고민은 늘어갑니다. '인공지능을 어떻게 통제할 것인가' 하는 문제에 봉착한 것입니다. 그는 인공지능이 인간의 지적능력보다 뛰어난 능력을 과시하는 초지능의 시대를 약 2075년으로 예상했습니다. 물론 스스로 학습하는 '딥 러닝Deep Learning'의 진보로 더 앞당겨질 수도 있다고 합니다.

　인공지능 개발의 궁극적인 목적은 인간이 행하는 모든 지적 활동을 수행하는 강한 인공지능을 만드는 것입니다. 만약 강한 인공지능이 개발되고 그것을 완벽하게 통제할 수 있다면 모두가 평화롭고 막대한 부를 누리는 세상을 살게 될 것입니다. 하지만 그런 이상적인 미래를 위해서는 인류 전체가 엄청난 노력을 해야 합니다. 기술이 발전된 사회에서는 인간의 정의도 변하겠지요. 인공지능 기술이 성숙 단계에 도달하면 과거에는 존재하지 않았던 새로운 존재가 등장할 수 있습니다. 이를 '포스트 휴먼Post Human(인간 이상의 존재, 인간과 기술 혹은 기계와 결합된 새로운 인식을 갖춘 인간상)'이라 합니다. 지금도 팔다리를 기계로 대체하고, 인공심장이나 인공치아를 이식하는 사람들이 많아지고 있습니다.

　그래서 닉 보스트롬 교수는 인공지능 시대에 공동체와 개인이 집중해야 할 문제를 제시합니다. 인공지능이 인류 전체를 능가할 초지능에 도달하기 전에 기술을 통제하자는 겁니다. 이를 위해서 우리는 인공지능 기술발전의 시작단계에 초깃값을 잘 설정해야 합니다. 무한대의 기술개발이 아니라 한정된 범위 안에서 능력을 발휘하는 인공지능을 설계하자는 것입니다.

초깃값을 설정할 때는 반드시 철학이 뒷받침되어야 합니다. 인류의 근본을 묻는 질문인, '과연 인간이란 무엇인가', '인류의 삶은 무엇을 추구하는가?'와 같은 삶의 의미를 담은 질문을 던져야 하는 것이지요.

과거 기계는 우리가 설정한 프로그램과 설계대로 움직였지만, 인공지능은 상황 변화를 스스로 인식하고 적절하게 대응합니다. 스스로 새로운 정보를 찾아 다른 기계들과 정보를 주고받으면서 끊임없이 학습하며 진화하지요. 이러한 학습능력을 부여하면 지식의 양이나 기술 응용, 정보 이용면에서 인공지능은 무한한 능력을 갖게 됩니다. 어쩌면 가장 고차원적인 정치, 법, 교육의 영역까지 그 범위를 확대해 사회 시스템을 변주할 수 있습니다. 이 점을 간과하지 말고 사회적 차원에서 인공지능의 기술과 발전을 제어할 방법을 고민해야 합니다. 개인적 차원에서도 인공지능과 함께 공존하는 방법과 인간 존재의 목적을 잃지 않도록 철학적 고민을 치열하게 시작해야 할 때입니다.

인간은 실존을 고민하는 존재

유발 하라리는 인류에게 닥칠 세 가지 위기를 '핵전쟁', '지구 온난화(기후변화)', '과학기술로 인한 실존적 위기'로 꼽았습니다. 고대 때부터 이어진 인간 '실존'에 대한 고민은 인공지능 시대가 와도 역시 매우 중요한 문제로 꼽힙니다. 지금부터는 과학기술로 위협받는 인간의 실존 위기를 주목해 보도록 하겠습니다.

우리 인간은 단순히 기계처럼 먹고 자고 일하는 것에 만족하는 존재가 아닙니다. '왜 사느냐, 무엇을 위해 사느냐'는 늘 우리 머릿속을 떠다니며 삶의 이유와 존재의 이유를 묻곤 합니다. 이 질문들은 자신이 살아가야 할 이유와 의미 있다고 생각하는 것, 내가 가치를 부여하는 대상에 관한 문제들입니다.

그렇다면 인공지능 시대가 안정적으로 자리를 잡게 될 미래 사회에 우리 인간의 행복은 어떻게 변화될까요? 지금보다 삶의 질은 나아지겠지만 행복 또한 같은 길을 걸을까요? 그리고 자신이 추구하는 가치를 인공지능이 해결해주면 삶의 의미가 찾아질까요? 이 책을 읽는 여러분은 부모님 세대보다 더 나은 삶을 살고 있나요? 그렇다면 과거에 비해 압도적으로 늘어나는 정신질환 환자의 수는 어떻게 해석할 수 있을까요? 이 문제들은 모두 명쾌하게 답을 내리기 어려운 것들입니다.

인간은 지구상에서 유일하게 미래를 예측하고 죽음을 인식하는 존재입니다. 그래서 우리는 늘 존재의 의미를 고뇌하며 삶의 질을 높이고 행복을 추구하는 행태를 보이죠. 인공지능 시대에도 인간의 실존적 특징은 변하지 않습니다. 더구나 노동에서 자유로워진 인간은 진정한 삶의 가치에 대한 욕구가 폭발할 것입니다.

철학자들은 노동이 돈을 버는 수단이기도 하지만 삶의 의미와 정체성, 소속감을 부여하는 매우 중요한 인간의 활동이라고 여깁니다. 그렇기 때문에 인공지능 시대에 기계가 노동을 대신해 주면 문제가 발생됩니다. 노동의 시간이 줄고 여가 활동을 할 시간이 주어지지만 그런 여유도 일과 병행할 때 의미가 있습니다. 원하지 않을 때 강제로 쉬어야 하는 휴식은 진정한 휴식이 아닙니다. 이럴 때 인간은 존재의 이유와 삶의 가치를 잃게 됩니다.

동물학자인 제인 구달^{Jane Goodall} 박사는 침팬지를 연구하면서 이들이 도구를 사용할 수 있다는 것을 밝혀냈습니다. 다른 영장류와 인간이 구분되는 지점이 도구의 사용만은 아니라는 걸 알게 된 것이죠. 인간이 유일한 존재로 인정받는 것은 '사유와 협동의 능력' 때문입니다. 이 두 가지 특징으로 인간이 모든 개체를 지배하게 되는 것이지요. 또한 오직 인간만이 대상에 의미를 부여합니다. 인류는 언어로 다양한 사물에 이름을 붙였고 은유로 추상적 의미를 만들어 왔습니다. 이야기, 전설, 신화, 종교, 철학, 이데올로기를 만들어내는 능력도 갖고 있습니다. 그만큼 인간은 단순히 생존하는 데 만족하는 존재가 아닌, 삶의 의미를 좇는 존재라는 것입니다.

또한, 인류는 지구상에서 죽음을 생각하는 유일한 존재입니다. 언젠가 죽는다는 '유한성'에 대한 인식을 하는 것이죠. 이는 죽음에 대한 공포를 낳기도 하고, 삶을 어떻게 살 것인가 물으며 실존의 의미를 고차원적으로 고민하게 합니다. 인류가 종교와 철학을 만들어낸 이유가 여기에 있습니다.

유발 하라리의 지적처럼 과학기술이 발전한 인공지능 시대에 우리는 실존적인 문제에 더 집중해야 합니다. 이제 우리는 인간의 노동이나 노력이 필요 없는 세상에서 우리 각각 개인들의 역할은 무엇이 될지 고민해야 합니다. 인공지능 시대에 이 문제는 인간에게 주어진 시급한 과제가 될 것입니다. 어떤 답을 도출하느냐에 따라 삶이 달라지기 때문이지요.

앞으로 인공지능 시대에 사람들의 꿈은 의사, 과학자, 변호사, 엔지니어가 아닌 '행복한 사람', '여가를 진정으로 즐길 줄 아는 사람', '삶의 의미를 찾은 사람', '진심으로 사랑하는 사람이 있는 사람'으로 바뀔 수도 있겠습니다. 이것이야말로 인공지능 기술이 우리를 자유롭게 하고 행복하게 해주는 시대의 가치관이 될 겁니다.

4장

인공지능에
대체되지 않는 법

인공지능 시대,
꿈과 이야기를 파는 자들이 승리한다

> "미래의 전쟁은 정신력의 전투로 인식될 것이며
> 사상자는 없을 것이다. 다만 가장 훌륭한 이야기를 가진
> 전사가 세계를 지배한다."
> ─『문명의 충돌』의 저자, 새뮤얼 헌팅턴Samuel Huntington

콘텐츠 전쟁의 시대

새뮤엘 헌팅턴Samuel Huntington의 『문명의 충돌』은 20세기가 마무리되는 시점에 출간되었습니다. 책을 살펴보면 20세기의 끔찍한 테러와 내전이 자행된 근본 원인을 '문화'에서 찾습니다. 인류는 고대 때부터 서로 다른 문화와 충돌하며 끊임없이 다투어왔다는 것이지요.

21세기에 들어서자 다른 양상이 목격됩니다. 세계화로 보편적인 단일 문명이 형성되자 전쟁은 물리적 충돌이 아닌 문화적 경쟁으로 바뀌게 되지요.[49] 서구 중심의 정보 독점이 끝나고 인

터넷으로 가치관과 문화가 적에게도 전이되는 시대가 온 것입니다. 따라서 미래의 전쟁은 총과 칼 대신 아이디어와 가치관으로 승부하는 '콘텐츠 전쟁Content War'이 되겠지요. 가장 훌륭한 이야기를 가진 문화가 세계를 지배할 것입니다. 그간 갈등을 일으켜왔던 이데올로기나 문화들이 이젠 상대방에게 매력적인 이야기로 재탄생해 만들어 팔 수 있는 시대입니다. 새뮤엘 헌팅턴은 그런 콘텐츠를 가진 이들이 승리하는 시대를 전망했습니다.

인공지능으로 대표되는 미래 사회에서 중요하게 여겨지는 가치는 '권력'이나 '돈', '힘'이 아닌 '즐거움'과 '행복함', '의미', '유대' 등입니다. 그래서 미래학자들은 앞으로 가장 가치 있는 일은 다른 사람들을 즐겁게 하고 감동을 주는 일이라고 예측하고 있습니다. 4차 산업혁명 이후 인류는 자의 반 타의 반으로 많은 여유를 얻게 됩니다. 나에게 주어진 그 비어진 시간들을 어떻게 보내는지가 인생의 가장 중요한 목적이 될 것입니다. 아마도 많은 사람이 타인과 어울리며 의미 있는 일을 찾을 것입니다. 기계가 결코 해줄 수 없는 일이 공감과 감동을 주는 일이기 때문이죠. 가족과의 시간에 더 많은 의미를 부여하고 주변 사람들과의 끈끈한 연대의식을 만들며 공동의 가치를 추구하며 삶의 의미를 찾을 것입니다.

이야기를 사고파는 사람들의 시대

코로나19가 확산되어 외출과 이동이 제한되자 생활에 큰 변화가 생겼습니다. 집에 머무는 시간이 늘고 여가 활동에 변화가 일었지요. 그동안 극장에서 영화를 보고, 여행을 떠나거나 공연장에서 예술작품을 감상하던 사람들은 유튜브나 넷플릭스를 시청하거나 모바일 및 PC 게임을 하면서 보냈습니다. 이런 플랫폼은 우리 생활습관 자체를 변화시켰습니다. 정규방송 콘텐츠를 소비하기보다는 원하는 시간과 장소에서 다양한 스마트 디바이스(스마트폰, 태블릿 PC)를 이용해 콘텐츠를 소비하지요. 이전보다 훨씬 더 많은 시간을 할애하면서 말입니다.

그로 인해 디지털 콘텐츠들은 훨씬 더 많은 부가가치를 창출하게 되었습니다. 소비자들은 콘텐츠를 얻기 위해 이동 시간이나 교통비를 부담할 필요가 없어졌고, 음반이나 도서를 소장할 필요성도 없어졌습니다. 스트리밍 서비스로 언제 어디서든 다양한 콘텐츠를 즐길 수 있기 때문이죠. 경제계에서도 넷플릭스 같은 새로운 유형의 기업이 주목받고 있습니다. 이제 많은 부를 창출하는 기업들은 양질의 제품이나 합리적인 가격과 질 높은 서비스에 집중하기보다 사람들이 원하는 이야기와 가치를 만드는 데 주력합니다.

경제전문가들은 미래 사회에 가장 유망한 회사로 '디즈니 Disney'를 주저 없이 꼽습니다. 최근 넷플릭스에 이어 디즈니사도 OTT 플랫폼을 만들어 콘텐츠를 제공하기 시작했습니다. 예상 컨대 디즈니 애니메이션을 사랑하는 사람들은 이 플랫폼에서 대부분의 시간을 보낼 것입니다. 디즈니는 꿈과 이야기를 파는 회사입니다. 현대인들 대다수는 어린 시절 디즈니 애니메이션 을 시청하면서 성장했습니다. 전 세계의 어린이들이 한 번쯤은 마블Marvel시리즈에 나오는 히어로의 초능력을 동경해본 적이 있을 겁니다. 이는 다른 지역과 다른 문화권에 살아도 디즈니 애니메이션이라는 하나의 거대한 문화권 안에서 공감대가 형 성되었다는 뜻입니다. 우리는 가치관이 정립되지 않은 어린 나 이에 디즈니를 접하며 이야기가 전하는 메시지로 삶의 철학을 정립하고 세상을 보는 관점을 형성하곤 합니다. 디즈니는 단순 히 애니메이션을 제작하는 회사가 아닌 우리의 꿈을 만들어 주 는 꿈의 공장이었던 것이죠.

스티브 잡스가 스마트 기기를 전 세계에 선보일 때 선택했던 방식 또한 '이야기'였습니다. 스티브 잡스는 스마트폰이 단순한 기계가 아닌 새로운 삶으로 진입하는 매개체라고 보았습니다. 사실 기술력에서 보면 애플이 세상에 없던 것을 새롭게 만들어낸 것은 아닙니다. 이미 개발된 기술을 하나로 융합해 아이폰이라는 제품에 담아 판매한 것이죠. 그리고 이 차가운 기계에 따뜻한 스토리를 부여하자 사람들은 이 작은 기계에 감동하고 가슴 설레며 애플 스토어 앞에서 밤을 새며 출시를 기다립니다. 이처럼 인공지능 시대에 성공하는 사업가들은 훌륭한 소설가가 이야기를 상상하듯 흥미진진한 이야기를 제품에 담는 역할을 합니다.

K-Culture, 콘텐츠 전쟁에서 승전보를 울리다

2020년과 2021년 한국 문화계에는 엄청난 사건들이 연이어서 벌어졌습니다. 아마도 미래에 많은 이들이 이 시기를 한국 문화의 르네상스라고 부를 것입니다. 봉준호 감독의 〈기생충〉은 아카데미 주요상을 모두 휩쓸었고 칸느에서도 최고상인 황금종려상을 수상했습니다. 2020년 9월 방탄소년단은 한국 가수 첫 빌보드 '핫100' 1위를 차지했습니다. 블랙핑크는 2021년 9월 세계 아티스트 부문 유튜브 구독자 순위 1위를 차지합니다. 2021년 9월 넷플릭스에서 오리지널 시리즈로 제작되어 방영된 〈오징어 게임〉은 넷플릭스 드라마 부문 전 세계 1위를 차지했습니다.

이제 한국의 문화는 전 세계인들이 공감하고 좋아하고 사랑하는 콘텐츠가 되었습니다. 새뮤엘 헌팅턴이 말한 바로 '콘텐츠 전쟁에서 거대한 승리의 역사를 만들고 있는 곳'이 한국에서 벌어지고 있습니다. 우리의 이야기가 전 세계의 가장 보편적인 감성을 만들어내고 있고 미국의 헐리웃과 빌보드로 대표되는 세계의 주류 문화의 아성에 도전할 정도로 우리의 콘텐츠는 대단한 위력을 펼치고 있습니다. 2000년대 동아시아를 중심으로 부상했던 한류가 이제 전 세계인들에게 확산되는 K-Culture로 발돋움한 것입니다.

이야기는 이제 엄청난 경제적 편익을 촉발하는 분야가 되었습니다. 대중들은 이야기를 담은 제품과 아이디어에 열광하며 지갑을 열기 시작했죠. 바야흐로 꿈과 이야기를 사고파는 시대가 시작되었습니다.

4차 산업혁명의 시대는 예술가들이 이끈다

모라벡의 역설Moravec's Paradox이라는 용어가 있습니다. 컴퓨터가 쉽게 하는 것이 인간에게는 어렵고 인간이 어려워하는 것이 컴퓨터에게는 쉽다는 의미입니다. 미국의 로봇공학 전문가인 한스 모라벡은 "지능 검사나 체스에서 어른 수준의 성능을 발휘하는 컴퓨터를 만들기는 상대적으로 쉽지만, 지각이나 이동 능력에서는 한 살짜리 아기보다 나은 컴퓨터를 만들기는 어렵거나 불가능하다."라고 말했습니다. 컴퓨터가 수학적 계산, 논리 분석은 인간보다 압도적이지만, 수백만 년 동안 인간이 진화하면서 터득해온 운동과 감각 능력은 컴퓨터가 따라 하기 어렵다는 뜻입니다. 이는 인류가 오랜 역사를 통해 축적해온 인간 고유성은 그 어떤 높은 지능의 컴퓨터도 대체 불가하다는 의미이기도 합니다.

인류는 인공지능 기술의 출현으로 단순 업무와 반복적인 일들에서 조금씩 벗어나게 되었습니다. 예전보다 적은 비용으로 의료나 교육, 치안 등의 서비스도 효율적으로 제공받을 수 있지요. 사람들은 보다 건강하게 살 것이고 보다 창조적인 일에 집중할 수 있습니다. 따라서 이 시대는 힘든 노동과 치열한 경쟁으로 잊고 지냈던 진정한 인간의 가치와 능력이 다시 주목받게 됩니다.

롤프 옌센은 미래 사회가 펼쳐지면 물질주의적 사고방식은 구식이 된다고 생각합니다. 그는 삶의 의미와 가치를 추구하는 탈 물질주의적 사고방식을 강조합니다. 새로운 시대에는 믿음, 정서, 예술, 사랑, 아름다움의 가치가 부, 명예, 권위의 가치보다 중요하게 여겨진다는 것이지요. 그는 이런 가치를 중요시하는 사람들을 '호모 이모셔널리스Homo Emotionalis'라고 부릅니다. 감성의 인간을 말하죠. 세계의 기업 대다수는 이미 이런 흐름을 감지하고 그에 맞는 노력을 하고 있습니다. 마케팅과 기업의 문화에서 환경보호, 예술적 감수성, 사람과 사람 간의 소통과 공감의 가치를 전면적으로 내세우기 시작한 것입니다.

지금까지 인류는 생존을 위해 노동에 종사했습니다. 하지만 기본적인 욕구가 충족된 4차 산업혁명 시대에는 사람들이 비싼 비용을 지불하면서 얻고자 하는 것은 탈물질적인 가치입니다. 제품 그 자체보다 그 안에 깃들어 있는 의미와 이야기에 열광하고 구매를 하게 되지요. 이로 인해 제품은 무형의 가치를 담는 용기에 불과하게 됩니다. 소비자는 그 제품이 주는 어떤 기호나 이미지를 구매하는 것이니까요. 예를 들면 손목시계를 구매하는 건 시간을 확인하기 위함이 아닌 자신의 취향과 기호를 표현하기 위해서입니다. 그래서 경영자들의 관심사는 질 좋고 가격이 저렴한 시계를 만드는 것보다 어떤 의미와 이야기를 입혀 소비자의 감성에 호소하는 제품을 만들어내느냐에 치중하게 되었습니다. 매력적인 이야기가 소비자의 관심을 끈다는 것은 이제 두말할 이유도 없습니다.

하이콘셉트와 하이터치의 시대

4차 산업혁명의 시대는 높은 기술적 수준을 가진 사람들만큼 완전히 다른 관점에서 인간적인 매력과 재능을 가진 사람들도 주목받습니다. 그린, 드림 소사이어티 등 삶의 실존적인 차원에 관심을 둔 인간적 가치들이 다시 인정받기 시작한 것이지요.

미래학자인 다니엘 핑크^{Daniel Pink}는 오래전 이런 미래 사회를 전망했습니다. 새로운 미래의 핵심 키워드를 하이콘셉트^{High-concept}와 하이터치^{High-touch}로 제시한 것입니다. 하이콘셉트는 '관계가 없어 보이는 것들을 결합해 새로운 트렌드를 창조하는 상상력'에 관한 것입니다. 그리고 하이터치는 '타인의 감정을 섬세하게 이해하고 공감을 이끌어내는 감성'을 말하죠. 다니엘 핑크는 이런 인재를 우뇌형 인간 혹은 예술가형 인재라고 칭합니다. 미래에는 디자이너, 피아니스트, 예술가 같은 우뇌형 인간이 과거의 의사, 변호사, 회계사로 대표되는 좌뇌형 인간의 명예와 부를 차지할 것으로 전망했습니다. 농경사회에는 농부, 산업사회에서는 숙련 노동자, 정보화 사회에서는 지식노동자가 필요했다면, 새로운 시대에는 예술가형 인재가 필요하다는 주장입니다.

새로운 시대에는 개척정신으로 차이를 만들어내는 새로운 인재형이 요구됩니다. 창의력은 규칙이나 논리를 따르는 것이 아닙니다. 연결성이 없어 보이는 것들을 결합해서 의외의 것을 만들어가는 것이지요. 이런 감각을 지닌 이들은 이전에 존재하지 않았던 새로운 문화를 창조하고 그것을 토대로 이야기를 만듭니다. 이런 일들은 인공지능과 로봇이 대체하기 힘든 성격의 것입니다. 다양한 분야를 넘나들고 상상하고 이미지를 만드는데 능하다는 점에서 르네상스형 인간이라 볼 수 있습니다.

이런 세상이 가능해진 이유는 기술혁신과 글로벌 경제의 부상에 따른 것입니다. 물리적 수준에서 많은 성장을 이룬 선진국들은 개발도상국보다 생산 비용이 높아 가격경쟁에서 이길 수가 없었습니다. 그래서 보다 혁신적인 기술과 서비스로 차이를 만들어야 했죠. 새로운 분야를 먼저 개척하고 기존 제품에 가치와 품격을 만드는 퍼스트 무버First Mover 전략을 구사하게 된 것입니다.

미래학자인 리처드 왓슨Richard Watson은 '예술은 인간의 조건을 더 깊이 이해하려는 투쟁이자 탐구'라고 했습니다. 이전에 존재하지 않았던 새로운 감각을 이미지와 물건에 담아내는 것이 예술이라고 정의하죠. 그리고 최고의 예술은 사람들에게 새로운 행동을 하게끔 합니다. 이런 예술적 창조 활동은 고유의 인간 활동이라고 할 수 있습니다. 여러 기업에서 창출해내고 있는 혁신적인 기술 역시 전 세계의 수많은 예술가의 잠재력과 융합해 단순한 기술의 개발이 아닌 하나의 예술 작품처럼 대중들에게 선보이고 있습니다. 예술가들도 획기적인 기술을 이용해 자신들의 콘텐츠를 전 세계에 공개하며 언어와 국경의 경계를 넘어 많은 이들과 소통하고 있습니다. 전 세계인들은 이제 언제든지 클릭만 하면 자신이 열광하던 아티스트의 근황이나 작품을 볼 수 있습니다. 그로 인해 예술의 가치들은 나날이 더 높아지고 있습니다.

물론 인공지능 시대에 반드시 필요한 분야는 여전히 공학과 수학과 뇌과학입니다. 그러나 인간을 깊이 감동시키고 마음을 움직일 수 있는 음악가와 소설가, 화가, 작가 또한 예전보다 더욱 중요해질 겁니다. 그들이 자칫 기술의 진보로 삶의 의미를 잃어버리고 존재의 가치를 잊어 허무해질 수 있는 인생에서 가장 중요한 질문의 답을 찾게 해줄 것이기 때문입니다.

새로운 시대는 예술가형 인재들이 주도한다

애덤 그랜트는 새로운 시대의 진정한 성공은 대세에 순응하지 않고, 기존 제도와 관습에 얽매이지 않고 자신만의 방식으로 과감하게 창조하는 사람들에게서 나온다고 주장합니다.[50] 그들은 내면의 창의성을 발휘해 자신의 삶과 세상을 바꾸는 독창적인 사람들입니다. 그들은 '오리지널스^{Originals}'로 불립니다. 이들은 자신의 독창적인 아이디어를 적극적으로 제시하고 도전하는 사람입니다. 이들의 특성은 예술가들에게서 보이는 자질이기도 합니다. 지금 전 세계를 이끌고 있는 사람들 마크 저커버그, 일론 머스크, 제프 베이조스, 트래비스 캘러닉 등은 한때 세상에서 이상한 사람 취급을 받은 사람들이었습니다.

세스 고딘은 이런 사람들을 '린치핀^{Linchpin}'이라고 부릅니다. 린치핀은 마차나 수레의 바퀴가 회전할 때 부속들을 고정하는 역할을 하는 핀을 말합니다. 이 핀이 없으면 바퀴가 빠져버리기 때문에 핵심적인 부품이라고 할 수 있죠. 세스 고딘은 우리도 어떤 조직에서 누구도 대체할 수 없는 린치핀과 같은 존재가 되기 위해 예술가적 역량이 필요하다고 주장합니다. 많은 사람이 기존의 시스템 속에서 각자의 예술적 잠재력을 잊은 채 기계 속 톱니바퀴로 전락한 점을 비판하며 우리는 인간만이 할 수 있는 예술적인 능력을 갖춘 인재인 린치핀이 되어야 한다고 주장합니다. 이처럼 인공지능으로 대표되는 새로운 시대에는 세상의 기준에 속박되지 않고 자신만의 삶의 방식을 고수하는 예술가형 인재들이 주도합니다.

모든 것이 게임화되는 사회

코로나 팬데믹 시대에 유튜브와 넷플릭스만큼 많은 사람이 몰린 곳이 게임 플랫폼입니다. 특히 MZ세대(밀레니얼과 Z세대)에게 게임 플랫폼을 중심으로 한 커뮤니티 활동은 게임 행위를 넘어 하나의 거대한 사회가 되었습니다. 그들은 그곳에서 놀고, 소통하고, 협업하기 시작했습니다.

최근 주목받고 있는 메타버스Metaverse도 같은 맥락입니다. 메타버스는 '가공, 추상'을 의미하는 '메타Meta'와 현실 세계를 의미하는 '유니버스Universe'가 합쳐진 말입니다. 이는 3차원 가상 세계를 의미하는 '사이버 스페이스'와 '가상현실'의 개념에서 나온 것입니다. 하지만 현재 사용되는 메타버스는 사이버 공간보다 진보된 개념이자 확장된 개념입니다. 특히 스마트폰의 보급으로 메타버스는 더욱 확장됐습니다. 이제 메타버스는 현재의 공간처럼 경제 활동이나 사회 활동이 이뤄지는 또 다른 현실의 공간입니다.[51] 디지털 네이티브로 표현되는 새로운 세대에게 사이버 가상공간은 이제 일상의 공간이 되었습니다.

메타버스가 널리 알려진 계기는 스티븐 스필버그 감독의 영화 〈레디 플레이어 원Ready player One〉이 흥행한 이후부터입니다.

'오아시스'라는 가상 세계에서 미래인은 자신만의 멋진 아바타로 변신해 황홀한 인생을 살아갑니다. 비록 주인공의 현실 세계는 보잘것없고 비루하지만 가상 세계에서만큼은 꿈꾸지 못하고 이루지 못할 것들이 없습니다. 어떤 것이든 생각하는 대로 다 이루어지는 이상적인 공간이죠. 메타버스 역시 그런 공간입니다. 코로나19라는 글로벌 팬데믹이 전 세계를 휩쓸자 대면하지 않고도 다양한 활동을 할 수 있는 가상 세계인 '메타버스'가 폭발적인 관심을 받게 되었습니다.

수전 그린필드는 앞으로 개인의 정체성은 가상현실에서 형성될 것이라고 말합니다. 그동안 우리는 인터넷이나 게임, 소셜 네트워크에 중독되는 것에 부정적이었습니다. 하지만 코로나19는 어쩔 수 없이 이런 부분을 허용할 수밖에 없었고, 대면 교류에 어려움을 겪는 사람들의 사회적 욕구를 채워주었습니다.

메타버스는 이제 우리의 현실입니다. 그곳에서 창조한 인공지능 캐릭터는 타인과 자연스럽게 어울려서 지냅니다. 공감대만 형성되면 시공간을 초월한 만남이 이루어지지요. 현실 세계의 복잡하고 머리 아픈 문제들을 잠시 벗어두고 놀이와 재미를 추구하는 메타버스 세계는 새로운 사회적 공간으로 활용되고 있습니다.

무엇보다 메타버스가 매력적인 이유는 현실에서는 제약된 일을 메타버스에서는 비교적 자유롭게 누릴 수 있다는 점입니다. 이곳에서는 실패해도 상관없고 잔소리나 눈치를 보지 않아도 됩니다. 언제든 새로운 것을 시도할 수도 있지요. 마치 게임 캐릭터를 조정하듯 도전을 즐기며 감춰두었던 존재감을 표출할 수 있습니다. 사람들은 새로운 사업을 하고, 아바타를 꾸미고, 함께 어울려 게임도 하고, 커뮤니티를 만들어 데이트를 하거나 결혼을 하기도 합니다.『메타버스』의 저자인 김상균 교수는 '인간이 놀이와 재미를 추구하는 한 더 다양한 메타버스가 끝없이 등장하고 그 영역을 넓혀갈 것'이라고 했습니다. 이제 온라인 세계는 잠시 현실을 벗어나기 위한 도피처가 아닙니다. 생활은 점점 더 디지털화되고 메타버스는 또 다른 하나의 완전히 실제적인 세계가 되어가고 있습니다.

메타버스는 이제 'IT 혁명'으로 불릴 정도로 거대한 영향력을 발휘하고 있습니다. 아마도 우리는 메타버스를 새로운 문명으로 인정해야 할지도 모릅니다. 메타버스가 많은 이들의 열광적인 지지를 받는 이유 또한 인류의 본성에서 찾을 수 있습니다. 인류는 놀이를 즐겼습니다. 요한 하위징하Johan Huizinga가 제기한 '호모 루덴스'는 놀이하는 인간을 말하죠. 그는 그의 저서『호모 루덴스Homo Ludens』에서 '놀이는 문화의 한 요소가 아니라 문화

그 자체가 놀이의 성격을 가지고 있다'고 역설했습니다. 이처럼 놀이를 본능적으로 좋아하는 인류에게 '게임'과 '놀이'를 핵심 속성으로 가지고 있는 메타버스는 미래에 많은 기회를 부여할 것입니다. [52] 지금은 기업경영에서부터 교육까지 디지털을 기반으로 한 게임방식이 주목받습니다. 게임은 흥미진진한 '이야기'로 몰입감을 주어 작업의 효과를 높이기 때문입니다.

시대의 가치를 반영하고 통합하는 게임

최근 청소년들은 온라인에서 게임을 하며 사교활동을 합니다. 게임은 이제 단순한 오락이 아닌 소셜Social 활동입니다. 이곳에서 그들은 정보를 교환하고 그들만의 '밈'을 공유합니다. 현재 새롭게 출현하는 신조어들도 게임에서 파생된 것이 많습니다. 게임은 생산과 소비 활동으로 수익을 창출하면서 산업의 한 분야가 되었습니다. 자연스럽게 게임산업에 종사하는 사람들도 늘고 있지요. 예전에 '일'이라고 하면 힘든 노동이라 연상했던 일들이 이제는 게임을 접목해 '놀이'에 가까워지고 있는지도 모르겠습니다.

그동안 우리는 게임을 부정적으로 바라봤습니다. 게임을 하면 머리가 나빠지고 학습효과가 떨어지는 등 인생에서 도움이 되지 않는 놀이로 여겼지요. 게임에 집중하는 사람은 실패자,

낙오자가 된다는 말까지 나왔었습니다. 하지만 이제는 완전히 달라졌습니다. 메타버스의 핵심 콘텐츠와 플랫폼은 게임에 적용된 개념과 기술에서 나왔습니다. 게임을 많이 해봤거나 게임의 세계관에 익숙한 이들이 메타버스를 주도하고 있습니다.[53]

하버드 대학 경제학 박사인 타일러 코웬은 게임이 단순한 놀이가 아니라고 단정합니다. 시간과 돈을 허비하는 방해물로 여긴다면 커다란 실수라고 지적합니다. 현대 사회에서 게임은 이 시대의 가치를 반영하고 통합하는 공간입니다. 이제 게임은 엔터테인먼트와 정보를 어우르는 거대한 메타 산업이 되었습니다. 경제계에서도 큰 영향력을 발휘하고 있지요.

무엇보다 게임은 우리의 소통방식에 변화를 불러왔습니다. 여가와 비즈니스, 교육과 서비스에도 이용되고 있지요. 이용 목적에 따라 기존 방식보다 효과적이라는 의견까지 나오고 있습니다. 게임에서 강한 동기부여와 피드백을 경험한 이들에게 기존의 교육 방식은 오히려 지루함이나 스트레스를 느끼게 할 뿐이지요. 게임을 통해 이룰 수 있는 지적 발달과 관련된 교육적 성취는 무시될 수 없을 만큼 확대되었습니다. 게임이 이 시대 교육의 가장 성공적인 방식으로 전환된 것입니다. 실제로 교육현장에서도 즐겁게 학습하는 방식, 상호작용, 높은 수준의 학습

등 목적에 따라 변주되어 이용되고 있습니다.

미래연구소 개발 이사인 제인 맥고니걸[Jane McGonigal]은 현실 세계를 벗어나 가상 세계로 계속 이동하려는 이유는 게임이 인간의 진정한 욕구를 채워주기 때문이라고 주장합니다. 그녀에 따르면 현실 세계의 문제조차도 게임의 진정한 힘을 이해하면 해결할 수 있다고 하죠. 태어날 때부터 인터넷과 첨단 기기를 사용하며 자란 디지털 세대들은 게임의 정교함을 자연스럽게 인식하고 몰입합니다. 그녀는 고도의 몰입을 유도하는 멀티플레이 게임의 핵심 전략을 접목시켜 모든 수업 활동, 과제를 디자인한 '게임 학교'를 설립하기도 했습니다. 이제 우리의 미래는 게임을 이해하고 디자인하고 플레이할 줄 아는 사람의 몫이 될 것입니다.[54]

이처럼 디지털 시대는 우리가 하는 일과 더불어 우리의 인식도 바꿀 수 있습니다. 메타버스와 같은 최첨단 플랫폼은 사회생활의 인식, 소유 관념, 일과 여가의 균형 등 삶의 주요한 문제에 영향을 미치게 될 것입니다. 따라서 우리는 새로운 시대에 맞는 정체성과 인식으로 삶을 구성해야 합니다. 결국, 놀이와 즐거움을 만들어 주는 집단과 사람이 더욱 각광을 받게 될 것입니다.

인공지능 시대에 더욱 필요한 사람, 인문쟁이Fuzzy

> "어떤 것이든 창의적인 일을 하는 소수가 인류의 진정한 엘리트 계층이 될 것이다. 그들만이 기계를 보조하는 것 이상을 할 수 있기 때문이다."
>
> _SF 작가, 아이작 아시모프Isaac Asimov

인문쟁이The Fuzzy와 기술쟁이The Techie

실리콘밸리의 뿌리라고 할 수 있는 미국 스탠퍼드 대학교에서는 인문학이나 사회과학을 전공한 사람을 '인문쟁이Fuzzy', 컴퓨터과학이나 공학을 전공한 사람을 '기술쟁이Techie'라고 부릅니다. 그리고 과학기술은 '하드 스킬Hard Skill', 인문학은 '소프트 스킬Soft Skill'이라고 부르기도 하죠. 실리콘밸리에서도 이런 영향을 받아 인재를 크게 두 가지 범주로 구분합니다. 하나는 최첨단기술을 다룰 수 있는 기술쟁이Techie, 또 하나는 사람들이 원하는 제품을 만들 수 있는 인문쟁이Fuzzy입니다.

스콧 하틀리는 『인문학 이펙트』에서 인공지능 시대에 인문쟁이^{Fuzzy} 역할의 중요성을 강조합니다. 이 책의 영어 원제도 'The Fuzzy and The Techie(인문쟁이와 기술쟁이)'이지요. 인문학적 소양이야말로 기술시대에 진정한 차이를 만드는 결정적인 역할을 합니다. 인문학적 가치와 지식이 경영활동에서 어떻게 혁신을 이끌고, 사회의 문제를 해결할지 다양한 방법을 제시합니다. 여기서 이야기하는 인문학적 소양은 인문학을 전공한 사람에게만 해당하는 것이 아닙니다. 실리콘밸리의 성공한 인물들은 인문학적 소양과 기술적 소양을 균형 있게 가진 사람들입니다. 스콧 하틀리도 스탠퍼드 출신의 인문쟁이입니다. 그는 세계적인 벤처 캐피털리스트가 되었고 세계적인 스타트업에 자문 역할을 하고 있습니다. 그는 자신과 실리콘밸리의 인문쟁이들의 성공사례를 제시하면서 기술에 인문학의 통찰이 반드시 필요하다는 것을 증명하고 있습니다.[55]

4차 산업혁명에 인문학적 소양이 요구되는 가장 중요한 이유는 기술의 진입장벽이 계속해서 낮아지기 때문입니다. 어느 한 시기의 기술 습득은 한 세대를 지나면 무용한 기술이 될 수 있습니다. 그러나 인문학은 시대를 관통하는 인간과 사회의 본질적인 지점을 통찰하도록 돕습니다. 특히 인공지능 시대에 요구되는 '인간다움이란 무엇인가?', '인간은 인공지능이나 기계와 무엇이 다른가?'를 성찰하며 답을 찾고 이를 기술에 반영합니다.

　기술의 시대에 진정으로 사람이 원하는 것을 이해하고 상상하여 제품과 서비스로 만든다면 소비자의 호응은 저절로 따라옵니다. 사람들은 기술만 부각시키는 정보보다 감성을 자극하는 이야기에 훨씬 더 빨리 반응하지요. 강렬한 인상을 남기며 충성도를 끌어올 수도 있습니다. 이를 적재적소에 반영할 줄 아는 인문학적 소양은 앞으로 더욱 중요해질 것입니다.

한 명의 인문쟁이 vs 열 명의 기술쟁이

　인문쟁이는 인문학적 소양과 예술적 감각을 모두 가진 사람입니다. 현재 글로벌 기업이 가장 원하는 인재는 인문쟁이입니다. 구글 검색 엔진을 개발한 산토시 자야람Santosh Jayaram은 "틀이 잡힌 공학을 집중적으로 교육받는 데는 채 1년도 걸리지 않는다. 정작 어려운 부분은 신제품을 흥미로운 아이디어로 만들고, 잠재적 사용자들과 접촉하는 일이다. 사람들에게 이 멋진 신제품이 얼마나 나의 삶을 나아지게 만들지 상상하게 하는 마법을 부릴 줄 아는 사람은 바로 문학을 공부한 사람이다."라고 말했습니다.[56]

미래의 기술은 누구나 쉽게 배울 수 있는 방식으로 나아갈 것입니다. 과거에는 높은 수준의 코딩능력이 있어야만 프로그래밍할 수 있었지만 지금은 간단한 방식으로 누구나 쉽게 프로그래밍하는 시대입니다. 하지만 사람들의 요구를 읽고 기술에 반영하는 능력은 쉽게 향상되지 않습니다. 이를 기르기 위해 실리콘밸리의 기술자들은 시를 읽고, 문학을 읽으며 철학 토론에 적극적으로 참여합니다. 인문학적 소양은 새로운 기술을 제품이나 기술혁신에 응용할 수 있는 통합적인 사고와 창의력을 키우는 데 도움을 줍니다. 기업은 이런 인문학적 소양을 갖춘 사람들을 채용해 제품과 브랜드에 이미지를 심는 작업을 합니다. 고객과의 관계를 형성하는 일도 이들이 담당합니다.

기술적인 부분은 전문지식이 없어도 누구나 쉽게 이용할 수 있지만, 창의적이고 인문학적 소양은 자신의 의지 없이는 채워지지 않습니다. 쉽게 터득되지도 않습니다. 오직 꾸준한 성찰과 독서와 토론을 통해 길러집니다. 그러기에 한 명의 인문쟁이를 열 명의 기술쟁이가 당해내지 못하는 겁니다.

제품과 서비스를 인간적인 것으로 만들 줄 아는 인문쟁이

이제 기업은 제품에 인간의 감성을 담습니다. 우수한 제품보다 사람들의 필요와 욕구를 정확하게 이해하고 이를 충족시켜

주는 기능과 이야기를 갖춘 제품이지요. 이를 위해 실리콘밸리의 기업들은 제품개발이나 마케팅 분야에서 브랜드 전략, 세일즈, 고객 관리에 인문학을 도입했습니다. 물론 인문쟁이들도 채용했지요. 이들은 다른 전공 혹은 다른 업무 사이의 다리를 놓는 일을 합니다. 해결되지 않는 문제를 만나 기술자들이 답답해할 때 전혀 생각지도 못한 아이디어를 던지고, 다양한 기능 부문이 협업할 수 있도록 기술적 연결고리를 만들어 주기도 합니다. 인문쟁이들은 이처럼 제품과 서비스를 기획하고 마케팅하는 역할도 수행합니다.

글로벌 기업은 인문학 전공자, 특히 그중에서도 인류학 분야를 선호합니다. 인류학 연구의 통찰이 '소비' 행동을 제대로 이해하게 돕고, 제품을 개발하고 홍보할 때 고려해야 할 문화적 요소나 개인의 반응을 예측하는 데 도움을 주기 때문입니다. 인류학이 개인과 집단의 행동과 그 심리를 연구하는 학문이기 때문에 사람들이 어떤 심리에서 제품과 서비스를 구매하는지 파악할 수 있습니다. 그 결과로 다음 출시될 제품의 방향을 타진하고 구체적인 방안을 모색하는 데도 큰 힘이 됩니다.

스콧 하틀리는 인문쟁이가 인간의 삶과 사회적 본성, 행동 뒤에 숨겨져 있는 창의적 사고와 소통 능력을 가지고 있다고 말합니다. 그래서 이들이 인공지능을 의미 있는 방식으로 기술에 적용할 때 주도적인 역할을 할 수 있다고 합니다. 특히 인공지능과 로봇의 부상이 예견되는 포스트 코로나 시대에는 기계를 잘 활용하는 것이 중요해졌습니다. 여기서 '잘 활용한다'는 의미는 '기계를 능수능란하게 다룰 줄 안다'의 의미가 아닙니다. 우수한 기술을 유의미하게 적용하도록 유도하는 스킬을 말합니다. 세계적인 경영학자들의 전망처럼 새로운 비즈니스 모델 간 협업이 중요한 시대에는 인문학과 기술이 잘 결합되어야 의미 있는 결과가 나올 수 있습니다. 특히 고대 철학자 플라톤의 말처럼 '질문하고 답하는 법'에 익숙한 인문쟁이들은 데이터가 넘쳐나고 기술이 빠르게 발전하는 급박한 상황에서도 심도 있는 질문을 하고 해결책을 내리는 것에 더 신중합니다. 그로 인해 다른 이들이 발견하지 못하는 깊이의 사고가 나오는 것입니다.

인문쟁이와 기술쟁이의 시너지 효과

스티브 잡스는 기술과 인문학의 교차점을 혁신의 비결로 꼽았습니다. 그가 말한 인문학은 리버럴 아츠Liberal Arts입니다. 이는 인류가 갖춰야 할 기본적인 교양을 뜻합니다. 현대의 리버럴 아츠에는 인문학, 자연과학, 사회과학, 예술이 모두 포함됩니다. 어떤 분야를 제대로 이해하고 문제를 해결하기 위해 몇

가지 분야만 탐구해서는 불가능한 시대가 되었습니다. 여러 지식체계를 통섭적으로 이해하고 통찰할 때 진정한 성공을 거둘 수 있습니다. 본래 근대 이전에는 학문의 경계가 따로 없었습니다. 하버드 대학의 생물학 박사인 에드워드 윌슨^{Edward Osborne Wilson}은 현대 학문의 분화는 학자들이 만든 인공물일 뿐 실제 세계의 반영이 아니라고 말했습니다. 따라서 본래 학문의 의미는 통섭인 것이지요.[57]

찰스 퍼시 스노^{Charles Percy Snow}는 저서 『두 문화』에서 정밀과학과 인문학 간의 엄격한 이분법이 세계가 직면한 과제를 해결하는 데 가장 큰 걸림돌이 될 것이라고 주장했습니다. 그는 두 개의 우주에 속한 과학과 인문학이 서로 충돌하는 지점에서 창의적 기회가 생겨난다고 강조합니다. 스티브 잡스도 가슴 뛰는 결과물은 기술이 인문학, 인본주의와 결합될 때 나올 수 있다고 말했습니다. 따라서 첨단기술 전문가인 기술쟁이와 인문학적 소양을 가진 인문쟁이의 결합은 매우 의미 있는 작업입니다.

스콧 하틀리는 과학, 기술, 공학, 수학을 배우는 학생들에게도 인문학적 능력을 개발할 기회가 주어져야 한다고 주장합니다. 직업과 관련된 좁은 범위의 기술만 훈련시킬 것이 아니라 인문학을 통해 균형을 맞추어야 한다는 것입니다. 특히 인문학

교육은 사회를 더 넓게 볼 수 있는 시야를 갖게 해주고 기술적 능력과 인문학적 능력 모두를 강화시켜 주기에 필수적이라고 강조합니다. 물론 컴퓨터과학도 인문학 교육과 마찬가지로 분야를 떠나 모든 학생이 습득해야 하는 학문이지요. 이런 시대의 흐름을 대학에서도 느끼고 있습니다. 그 결과, 심리학과 언어학이 만난 인지과학이 생겨났고 심리학과 컴퓨터가 결합된 사용성 연구, 철학과 공학을 결합한 디자인 윤리학, 문학과 컴퓨터가 합쳐진 서사 과학이 연구되고 있습니다.

스탠퍼드 대학에서는 컴퓨터 과목과 철학, 논리학, 심리학 과목을 함께 가르치는 상징체계 전공이 있습니다. 여기서는 과학과 수학, 인문학을 함께 배웁니다. 이 전공을 학습한 학생 중 현재 실리콘밸리에서 성공한 기업가들이 많습니다. 링크드인 LinkedIn의 설립자 리드 호프먼Reid Hoffman과 인스타그램의 공동 설립자 마이크 크리거Mike Krieger가 대표적이지요. 페이스북의 설립자 마크 저커버그는 이 전공으로 세계에서 가장 재능 있는 인재들이 발굴되었다고 말합니다.[58]

이처럼 인공지능 시대의 기술은 과학과 인문학의 융합을 통해 차이를 만들 수 있습니다. 수많은 기술이 출현하는 기회를 만들고 승부수를 띄울 수 있는 핵심이라고 할 수 있습니다.

실리콘밸리 최고의 인문쟁이, 피터 틸

현재 실리콘밸리에서 가장 강력한 집단은 '페이팔 마피아
PayPal Mafia'입니다. 페이팔 마피아는 2007년 미국 경제 전문지인
〈포춘Fortune〉에서 처음 등장한 명칭입니다. 페이팔은 2002년 유
통 플랫폼 이베이Ebay에 15억 달러(약 1조 7,000억 원)에 인수되
었지요. 그때 엄청난 부를 얻게 된 20여 명의 초기 멤버는 실리
콘밸리의 거물이 되었습니다. 이들이 〈포춘〉지와 인터뷰할 당
시 촬영한 사진이 마치 이탈리아 범죄조직인 마피아의 모습이
연상된다고 하여 '페이팔 마피아'라는 이름을 얻게 되었습니다.
이들은 함께 사업을 하고 서로의 기업에 자금을 투자하며 폭발
적인 성장을 거듭했습니다. 현재 페이팔 마피아는 애플의 스티
브 잡스와 오라클의 래리 엘리슨으로 대표되는 실리콘밸리 2세
대 이후 실리콘밸리 3세대를 이끄는 주역이지요.

페이팔 마피아는 페이팔 출신 멤버가 실리콘밸리를 움직이
는 파워그룹으로 성장하면서 실리콘밸리에 또 다른 문화를 이
식했습니다. 이들은 스탠퍼드 재학 시절 〈스탠퍼드 리뷰〉라
는 대학 내 학생신문을 창간한 멤버들이었습니다. 이 중심에
는 '페이팔 마피아'의 대부라고 불리는 피터 틸Peter Thiel이 있습
니다. 피터 틸은 1998년 전자결제시스템 회사 페이팔을 설립해

온라인 상거래 시대를 열었습니다. 팰런티어 테크놀로지^{Palantir} ^{Technologies}, 파운더스 펀드$^{Founders\ Fund}$ 회사를 출범해 현재 우리가 잘 알고 있는 페이스북^{Facebook}, 유튜브^{Youtube}, 테슬라^{Tesla}, 스페이스엑스^{SpaceX}, 우버^{Uber}, 에어비엔비^{Airbnb}, 링크드인^{LinkedIn}과 같은 성공적인 실리콘밸리 기업을 초기에 발굴해 투자했지요.[59] 그는 현재 틸 장학금$^{Thiel\ Fellowship}$을 만들어 창업하는 이들에게 10만 달러를 지원하는 등 혁신적인 기술 진보를 위해 노력하고 있습니다.

인문쟁이 피터 틸, IT 세계를 지배하다

피터 틸은 스탠퍼드대학교에서 철학을 전공하고 로스쿨을 졸업한 실리콘밸리의 대표적인 인문쟁이였습니다. 그는 스탠퍼드에서 철학자 마이클 브래트먼$^{Michael\ Bratman}$ 교수 강의를 듣고 철학에 심취했습니다. 그곳에서 만난 친구들과 수업 후 캠퍼스 잔디밭에 앉아 하나의 주제를 두고 오랜 시간 토론을 벌이면서 자신의 사고를 확장했죠. 이때 만난 리드 호프먼은 향후 비즈니스 인맥 관리 서비스 회사인 링크드인의 창업자가 되었습니다. 그렇게 이들은 웹 2.0 시대를 이끌며 실리콘밸리에서 엄청난 영향력을 발휘합니다.

리드 호프먼은 스탠퍼드 대학에서 철학과 법학을 전공하면서 끊임없이 질문했다고 합니다. 그러다 문득 큰 성공을 거둔 사람은 이미 성공한 분야에서 치열한 경쟁을 하는 사람이 아니라 새로운 분야에 뛰어들어 새로운 것을 창조하는 사람이라는 것을 깨닫게 되지요.

피터 틸 역시 늘 새로운 것을 모색했습니다. '인터넷 공간', '우주 공간', '해상 인공도시' 등 새로운 자유공간을 개척하고자 했습니다. 그는 '페이팔'이라는 자유로운 인터넷 공간에서 국가가 가진 화폐 주권의 개념을 바꾸려고 했고 이 움직임은 가상화폐의 성장에도 큰 영향을 주었죠. 또한, 스페이스 엑스에 거액을 투자해 우주개발 시대를 앞당기기도 했습니다. 마지막으로 해상 인공도시, 시스테딩Seasteading 프로젝트를 통해 어느 국가에도 속하지 않는 바다 위인 공해에 영구적 거주 가능 공간을 만들고자 노력하고 있습니다.

피터 틸은 인문학자 혹은 논객이 되고 싶었다고 합니다. 정치, 철학, 경제, 기술에 모두 해박한 틸은 철학적인 사고방식을 가지고 있습니다. 세계의 전설적인 투자자들처럼 틸도 엄청난 독서광입니다. 그는 마이클 브래트먼 교수 외에 저명한 철학자이자 교수인 르네 지라르Rene Girard를 만날 기회를 가졌습니다. 향후 지라르의 책『세상이 만들어질 때부터 숨겨진 것』을 통해 자신의 세계관을 완성했다고 이야기합니다. 지라르 철학은 '모방'과 '경쟁'이라는 두 가지 중요한 주제를 이야기합니다.

모방은 인간 행동의 본능입니다. 누군가를 따라 하면서 본받고 싶어하는 것이 인류의 기본적인 습성인데 현대인은 주로 경쟁만 추구합니다. 우리가 여기서 간과하고 있는 것이 있습니다. 모방하는 상대가 있기에 자신이 발전하는 것인데 이를 잊고 상대를 경쟁자로만 인식하는 것이죠. 그래서 인류는 오직 이기는 것에만 몰입을 한다고 지적합니다.[60] '경쟁이란 패자가 하는 것'이라는 틸의 유명한 어록은 여기에서 탄생한 것입니다.

피터 틸은 앞으로 우리가 맞이할 시대에 가장 중요한 것은 '새로운 것을 창조'하는 것이라고 주장합니다. 여기서 말하는 창조는 기존의 것을 모방하고 융합해 만들어내는 것을 말합니다. 경쟁을 하며 다른 학문을 배척할 것이 아니라 결합해보라는 것이지요. 그리고 그는 인간이 다른 종들과 구별되는 기술Technology이라는 기적을 만들 수 있기에 인류를 고차원적인 수준으로 끌어올릴 수 있다고 보았습니다. 그에 따르면 인간만이 유일하게 새로운 것을 창조해낼 수 있고, 그렇게 창조적인 사람이 앞으로 더욱 빛을 발한다고 합니다.[61]

피터 틸은 인문학적 소양을 통해 다른 이들이 보지 못한 세상의 기회를 창조해냈습니다. 그는 끊임없이 사유하고 토론하며 탐색했습니다. 그 결과, 높은 기술적 이해를 바탕으로 세상의 새로운 가치를 만들어냈지요. 그는 이에 만족하지 않고 끊임없이 인류의 진정한 진보를 위해 지금도 노력하고 있습니다.

르네상스형 인간, 스티브 잡스

자크 아탈리는 제2의 르네상스가 꽃피울 곳은 실리콘밸리라고 예측했습니다. 그리고 이곳에서 가장 '르네상스적인 인간'을 꼽으라면 단연코 애플Apple의 창업자 스티브 잡스이지요.

스티브 잡스가 세상에 보여주었던 상상력과 남다른 철학은 세상에 존재했던 가치들을 뒤흔들었습니다. 단순히 제품을 판매하는 수준을 넘어 심오한 통찰이 담긴 브랜드의 가치를 창조해냈습니다. 첨단기술에 인문학적 요소를 결합하여 다른 제품과의 '차이'를 만들어낸 것이지요. 한마디로 정의하자면 잡스는 '창의성의 아이콘'입니다. 또 제품 이상의 가치를 만들어내야 한다는 강박을 가진 예술가이기도 합니다. 그가 늘 고민했던 것은 소비자의 심리였습니다. 그 결과, 인간의 결정과 행동은 궁극적으로 가치관의 표출이라는 것을 알게 되었습니다.

스티브 잡스는 장난처럼 철학자 소크라테스와 한나절을 보

180

넬 수 있다면 애플이 가진 모든 기술을 줄 수 있다고 말할 정도로 인문학을 중요하게 생각했습니다. 인문학이야말로 사람을 이해하기 위해 반드시 필요한 학문이라고 이야기했지요.

스티브 잡스 이후 비즈니스계는 인문학에 관심을 나타내기 시작했습니다. 비즈니스가 소비자를 매료시켜야 한다는 잡스의 주장을 받아들인 것이지요. 잡스는 현대 경영학에서 중요시하는 '효율성'을 거부하고 오직 '위대한 제품 만들기'라는 하나의 목표에 집중했습니다. 경영환경에 혁신을 불어넣은 것입니다. 애플사 구성원들과 제품을 사용하는 소비자들은 매우 독특한 감성으로 제품을 만들고 소비합니다. 애플의 어느 엔지니어는 "애플에서는 마치 종교에 헌신하는 것처럼 회사에 애정을 갖고 사명감과 일체감을 느낀다."라고 말합니다.[62] 그만큼 자사의 제품에 자신의 혼을 불어넣을 정도로 몰두하고 사랑한다는 뜻이지요. 특히 스티브 잡스가 주목한 것은 인간의 욕구였습니다. 예술가처럼 창조적인 삶을 살고 싶지만 실제 그렇게 살 수 없음을 아쉬워하고 대신 인간이 가진 가장 기본적인 본능인 미적 추구에 주목했습니다. 그리고 사람들에게는 삶을 보다 창조적이고 혁신적으로 이끌어줄 '도구'가 필요하다는 것을 감지했습니다. 그래서 애플 제품에 그 '가치'를 담기 시작했습니다.

인문학적 통찰로 세계 최고의 기업을 만들다

잡스는 경영활동에도 인문학적 통찰을 새겼습니다. 여러 가지 상징과 의례, 신화의 이야기를 제품과 브랜드에서 재현하고 드러냅니다. 애플은 창립신화에서부터 금기를 깨고 세상을 새롭게 변화시키는 이야기를 불어넣었습니다. '한 입 베어 문 사과' 로고는 에덴동산의 이브가 금기를 위반하면서 새로운 질서를 창조했던 것처럼 애플만의 문화를 상징합니다.

1984년 미국 슈퍼볼 경기에서 처음 등장한 애플의 '1984' 광고는 조지 오웰의 소설『1984』를 패러디한 것입니다. 오웰이 소설에서 사회주의와 자본주의 모두를 전체주의로 보고 개인의 의식과 개성을 말살하는 전체주의적 성격을 비판했던 것처럼 애플의 개인용 컴퓨터 매킨토시는 기존의 IBM과 같은 거대 기업이 주도했던 컴퓨터 시장에 저항해 새로운 혁신을 이룰 것이라고 표현합니다. 이 광고에서는 제품의 기능설명이나 장점, 실용성 내용은 전혀 볼 수 없었습니다.

프레젠테이션을 예술의 경지로 끌어올리다

프레젠테이션은 IT기술의 발전과 함께 어떤 내용을 전달하는 가장 유용한 설득의 도구로 사용되고 있습니다. 하지만 어느 순간 우리는 비슷한 방식의 정형화된 프레젠테이션을 하고 있습니다. 데이터 디자인계의 거장으로 불리는 에드워드 터프트는 어느 순간부터 프레젠테이션에 스토리텔링이 부재하고, 의미 없는 디자인과 템플릿으로 인해 독창성을 상실했다고 비판했습니다.[63] 그래서 대부분의 프레젠테이션은 비슷해져버렸고, 남들이 하기 때문에 어쩔 수 없이 해야 하는 비즈니스 행위가 되었습니다. 그런데 이 흐름을 완전히 바꾼 이가 바로 스티브잡스입니다.

우리는 스티브 잡스하면 가장 떠오르는 이미지가 바로 터틀넥에 청바지 차림으로 아이폰과 아이패드 등의 애플사의 신제품을 프레젠테이션 하던 모습입니다. 이처럼 스티브 잡스의 프레젠테이션은 단순히 제품을 소개하는 방식을 뛰어넘습니다. 그는 형식적인 프레젠테이션 방식의 제품설명회를 새로운 관점에서 접근했습니다. 그는 이 자리를 자신의 제품의 우수성과 혁신성을 잘 드러낼 수 있는 절호의 기회로 보았습니다. 그는 프레젠테이션에서 거대한 스크린에 역광을 받으며 전시된 애플의 로고를 보여줍니다. 그리고 이 애플의 로고는 마치 거대한 심볼이 되어 숭고한 아우라를 뿜어냅니다. 그렇게 그의 키노트 연설은 마치 중세 교회의 권위 있는 종교지도자의 모습을 연상시키며 인류의 새로운 도약과 전환의 메시지를 담아 냈습니다. 그의 인문학적 통찰이 빛을 발한 또 하나의 장면이 되었지요. 그는 이로 인해 단순히 제품을 판매하는 사업가를 넘어 시대의 아이콘이 되었습니다.

사람들은 제품의 혁신과 더불어 스티브 잡스의 프레젠테이션에 열광했고 지금도 그의 아이폰 설명회는 애플 혁신의 상징적 장면으로 기억되고 있습니다.

이처럼 스티브 잡스의 눈은 늘 '혁신'으로 향해 있었지요. '새롭게 등장할 욕구'를 아는 것이 가장 중요하다고 생각했습니다. 그래서 그는 늘 지금 좋아하는 것이 아닌 미래에 좋아할 만한 제품을 만들고자 했습니다.

실리콘밸리에는 '창조적 독점'이라는 표현이 있습니다. 새로운 제품을 만들어 모든 사람에게 혜택을 주는 동시에 기업과 개인은 지속 가능한 이윤을 얻는 것입니다. 특히 사회가 어떤 큰 역사적 변곡점에 있을 때 창조적 독점자가 나타나고 이들은 경쟁을 뛰어넘어 새로운 것을 개척합니다. 그리고 모방을 통해 작은 차이를 드러내며 경쟁합니다. 창조적 독점자들은 인류의 역사와 함께 존재해왔습니다. 혁신 기업을 창업하거나 개인 브랜드를 설립했지요. 스티브 잡스가 이러한 유형의 대표적 인물입니다.

2016년 출시된 애플의 에어팟은 현재 무선이어폰의 시장 점유율 70%에 육박하는 높은 판매율을 자랑하고 있습니다.[64] 당시 여러 가지 기술적 한계로 사람들은 회의적인 시선으로 에어팟의 출시를 지켜보았지만, 애플은 기술적 완벽함보다 소비자의 니즈와 감성을 아우르려는 꿈에 집중했습니다. 에어팟은 외부로부터 나를 차단해주는 보호막이자 나를 표현하는 아이콘이 되었습니다. 그 결과 애플 에어팟은 엄청난 성공을 거두었습니다. 이런 탐구 정신과 인간 이해의 철학은 스티브 잡스가 애플에 심어놓은 가장 핵심적 가치입니다.

『콘텐츠의 미래』의 작가 바라트 아난드Bharat Anand는 이제 기술혁신의 시대는 종료되고 편집과 창의의 시대가 열렸다고 말합니다.[65] 탁월한 콘텐츠를 만드는 것보다 어떻게 연결하고 융합해서 시너지를 만드는지가 훨씬 중요한 시대라는 것입니다. 최고의 제품을 만드는 주체가 기업이 아닌 사용자로 넘어갔다는 사실이지요. 잡스는 이 가치를 누구보다 먼저 깨달았습니다. 기술 그 자체의 발명보다 사람들에게 그 기술이 어떤 경험을 제공하는지, 소비자의 욕구에 충족하는지에서 기술의 주안점을 찾았지요. 애플의 성공이 그 중요성을 증명하고 있습니다. 이제 기업들은 제품개발에 앞서 소비자를 연구합니다. 따라서 현재의 성공하는 기술은 스티브 잡스의 영향력 아래 있다고 할 수 있습니다.

세계 최고의 부자들이 인문학을 공부하는 이유

여러분은 '부자'하면 어떤 이미지가 떠오르나요? 대부분 회사를 이끄는 사업가, 성공적인 투자자, 세계적인 예술가 혹은 스포츠 선수들이 떠올릴 것입니다. 그렇다면 세계적인 부자들은 어떻게 그 많은 부를 얻을 수 있었을까요? 지금부터는 그 이야기를 해보도록 하겠습니다.

인문쟁이들이 더 많은 돈을 번다?

조지 앤더슨은 다양한 전공의 대학생들이 졸업 후 얼마나 소득을 올리는지 추적했습니다. 졸업 후 첫 5년간은 컴퓨터 공학, 토목공학, 회계학, 경영학과 같은 이공 계열이나 비즈니스 계열의 졸업생들이 취업도 쉽고 높은 연봉을 받았습니다. 반면 인문학 전공자들은 취업이 어려웠고 소득도 낮았습니다. 하지만 10년 이후부터는 조금씩 순위에 변화가 생깁니다. 컴퓨터 공학은 여전히 가장 높은 순위에 있지만 철학, 정치학, 역사학 등의 전공이 높은 순위로 올라옵니다. 여기서 최상위 10퍼센트 고성과자들의 평생 소득 분포를 보면 확연히 달라집니다. 가장 높은 순위는 정치학, 역사학, 철학 등의 전공자들이 위치합니다.[66] 이러한 조사결과는 인문학적 소양이 있는 이들이 성공한다는 것을 증명합니다.

　세계적인 부자 순위에서 오랫동안 최상위를 차지했던 마이크로소프트 창업자 빌 게이츠Bill Gates는 유명한 독서광으로 알려져 있습니다. 그는 자신의 성공비결로 'Think Week'를 꼽고 있습니다. 도시를 떠나 자연이 있는 지역으로 이동하여 머무르는 일주일 동안 아무것도 하지 않고 생각만 합니다. 이때 그는 앞으로의 계획을 세우고 풀리지 않았던 문제들을 고민합니다. 이 일주일의 힘은 마이크로소프트의 미래와 연결됩니다.

　'생각하는 주간' 방식은 철학자들의 사유방식과 유사합니다. 한 가지 화두를 깊게 사유해봄으로써 그 문제에 대한 의문과 회의를 떨쳐내고 명확한 판단을 하도록 돕지요.

　20대에 페이스북을 창업하여 세계적인 기업으로 성장시킨 마크 저커버그는 미국의 명문 사립학교 필립스 엑시터 아카데미Phillips Exeter Academy에서 인문학을 공부했습니다. 필립스 엑시터 아카데미에서는 학생들이 '원형 탁자'에 둘러앉아 고대 그리스 아카데미에서처럼 문답형식의 토론 수업이 이루어집니다. 저커버그는 이때부터 스스로 답을 찾고 흥미로운 세상을 상상하고 이를 현실로 실현하고자 노력했습니다. 그는 하버드 대학에 입학한 뒤 라틴어와 심리학을 공부하면서 다른 이들과 연결되고 싶은 사람들의 욕구를 읽어냈습니다. 이를 공감하고 사고력을 넓혀 페이스북을 창업한 것은 매우 유명한 일화입니다.

이케다 준이치는 저커버그에게 영향을 미친 로마의 장편 서사시 『아이네이스』의 공존과 확장 지향성에 주목합니다. 아이네이스라는 고전에는 다양한 사람들과 문화가 공존하는 가치관이 담겨 있습니다. 페이스북이 최초에 지향했던 이념이 여기에서 기인된 것으로 본 것입니다.[67] 마치 로마 건국신화인 아이네이스가 다양한 사람들이 공존하고 사교하는 국가의 모습을 그린 것처럼 페이스북은 웹이라는 공간에서 이용자들이 공존하는 세계를 꿈꾼 것이지요.

투자 거장들이 인문학을 공부하는 이유

세계적인 투자자들의 이야기도 참고할 필요가 있습니다. 세계 최고 투자자라는 명성을 가진 워런 버핏Warren Buffett과 찰리 멍거Charlie Munger는 유명한 독서광으로 알려져 있습니다. 찰리 멍거는 버크셔 해서웨이 주주총회에서 현명한 사람 중 뭔가를 읽지 않는 사람을 단 한 명도 본 적이 없다고 말했습니다. 그는 다양한 분야의 책을 고루 읽는다고 합니다. 로버트 헤그스트롬은 워런 버핏과 찰리 멍거의 전문가로 알려져 있는데, 『현명한 투자자의 인문학』에서 투자의 성공을 위해서는 투자와 관련 있는 분야 외에도 다양한 소양이 있어야 한다고 말합니다. 찰리 멍거는 투자를 잘하기 위해 오직 투자 서적이나 경제 서적만 읽는 사람은 '망치만 가진 사람'이며 모든 문제를 보지 못한다고 지적했습니다.[68]

투자는 사람과 세상을 이해하는 일입니다. 사람과 세상을 폭넓게 이해한 사람이 '망치'만 들고 세상을 바라보는 사람보다 더 깊이 있는 투자를 할 수 있습니다. 특히 수많은 사람이 주식을 사고파는 주식시장은 역동적으로 상호작용하는 복잡계입니다. 이런 복잡계의 특징은 비선형성입니다. 선형적인 세상은 원인과 결과가 명확합니다. 하지만 비선형적인 복잡계의 세계에서는 원인과 결과가 비례하지 않습니다. 그래서 투자에 앞서 복잡한 사회의 이해가 기본으로 따라야 하지요. 이것이 바로 사회학, 심리학, 철학, 문학 등 인문학적 소양이 중요한 이유입니다.

비이성적인 일이 주식 투자계에서 벌어지는 이유를 사회학의 집단행동과 심리학의 손실 회피라는 인간 본성에서 찾습니다. 또 철학과 문학으로 남다른 해석을 하는 능력과 창조적으로 세상을 보는 힘을 얻을 수 있죠. 경제와 경영의 틀이 아닌 리버럴 아츠의 폭넓은 관점으로 세계를 바라보는 것이지요. 바로 이것이 투자계에서 엄청난 성과를 낼 수 있는 비결입니다.

철학도들 세계 최고의 투자가가 되다

　세계적인 투자자들 중에는 인문학을 공부한 사람들을 어렵지 않게 볼 수 있습니다. 바로 전설적인 투자자인 조지 소로스와 앙드레 코스톨라니입니다.

　조지 소로스는 투자자이기 전에 철학자였습니다. 그는 철학을 투자세계에 접목해 세계적인 성공을 거둔 인물입니다. 그는 세계적인 철학자 칼 포퍼의 제자였습니다. 조지 소로스는 젊은 시절 철학을 공부하면서 칼 포퍼의 영향을 받아 자신만의 철학적 세계관에 기초한 투자이론인 재귀 이론을 정립했습니다. 그리고 그는 오늘날 현존하는 세계 최고의 펀드매니저로 평가받습니다. 그는 철학에서 배운 논리를 투자에 적용했더니 주식시장이 나쁠 때도 좋을 때도 언제든지 큰 수익을 낼 수 있었다고 말했습니다.

　또 한 명의 세계적인 투자자 앙드레 코스톨라니도 철학과 미술사를 공부한 인문학도였습니다. 그는 유럽의 워렌 버핏으로 불리며 비영미권 투자자 중 가장 유명한 인물로 꼽히곤 합니다. 그는 투자자는 일종의 철학자로서 현상의 숨을 뜻을 읽어내는 사람이며, 투자는 기본과 상식, 그리고 무엇보다 훌륭한 철학에서 나온다고 말했습니다. 또한 그는 투자를 예술가의 시선으로 바라보았습니다. 그래서 그는 예술과 심리 등을 투자에서 강조한 인물이기도 합니다. 그래서 그에게 투자는 과학이 아닌 예술의 영역으로 보였던 것입니다.

부자와 빈자를 나누는 기준, 인문학 교육

"여러분은 지금까지 속아왔어요. 부자들은 인문학을 배웁니다. 여러분은 배우지 않았어요. 인문학은 세상에서 살아가기 위해, 중략 사고하기 위해, 세상에 대해 깊이 생각하는 법을 배우기 위한 토대입니다."

전 세계 노숙자들에게 인문학 교육을 제공해 그들을 빈곤에서 벗어나게 한 얼 쇼리스Earl Shorris는 『인문학은 자유다』에서 이렇게 말했습니다.[69] 그는 빈곤 문제를 해결할 방법을 모색하던 중 1995년 비니스 워커라는 한 여성 재소자를 만났습니다. 여성 재소자는 자신이 빈자가 된 이유를 강연이나 전시 혹은 공연 등을 보지 못했기 때문이라고 증언했습니다. 즉, 부자와 빈자의 차이는 인문학을 배웠느냐 배우지 못했느냐에 달려있다는 것입니다. 가난한 사람들은 인문학을 접하는 것 자체가 원천적으로 불가능하기에 깊이 있게 사고하고 현명하게 판단하는 법을 몰라 가난한 생활을 벗어날 수 없었다는 것입니다.[70] 그래서 그는 가난한 사람을 비롯해 열악한 환경에 처한 사람들에게 인문학을 가르치는 프로그램인 '클레멘트 코스'를 개설합니다. 그는 이 프로그램에서 인문학을 통해 자신의 삶을 성찰하도록 돕고 자존감을 얻어 시민으로 자리 잡을 수 있게 만들고자 했습니다.

그는 클레멘트 코스의 수강생들에게 모두 부자가 될 수 있다는 말을 꼭 전합니다. 인문학을 공부하면 '부'를 누릴 수 있으며, 인문학을 공부하는 사람들은 부를 누릴 만한 자격이 충분하다고 설명하지요. 직접적으로 재정적인 도움을 주는 건 아니지만 정신적으로 이들이 자립할 수 있도록 돕는 것입니다. 현재도 이 클레멘트 코스는 전 세계로 퍼져 나가 어려움에 직면한 많은 사람을 도와주고 있습니다.

인공지능이 대체할 수 없는
인재들의 조건

"인문학 교육은 오랜 세월 입증된, 예측할 수 없는 미래를
준비하는 가장 유용한 방법이다."
_랜달 스트로스의 <스탠퍼드 인문학 공부>

최첨단 하이테크 기업들은 왜 인문쟁이를 필요로 하
는가?

우스터칼리지의 총장을 지낸 조지아 누전트Georgia Nugent는 기
술 기업 CEO들이 빠르게 진화하는 세상에서 환경에 적응하고
유연하게 대처하는 방법을 알기 위해 인문학 전공자를 원한다
고 하였습니다. 새로운 영역을 두려워하지 않고 새롭게 부상하
는 문화와 세대를 탐구해보려는 노력은 인문학의 교육 철학이
기 때문입니다.

인문학은 모든 학문의 기초가 되는 비판적인 사고, 독립적이

고 논리적인 분석, 설득력 있는 의사소통, 독해 능력을 길러주기에 어떠한 상황에서도 나름의 해결 방안을 모색하지요. 오늘날 기업들은 상향 평준화된 기술능력 이상의 무언가를 요구받고 있습니다. 변화하는 세상의 속도에 맞춰 지속적인 혁신을 도모해야 하기 때문이죠. 이를 위해서는 새롭게 나타나는 상황과 맥락의 '모호함'을 잘 다루는 것이 중요합니다. 이미 명확하게 드러난 문제들은 누구나 해결할 수 있기 때문입니다. 사회를 관찰하고 사람들의 요구를 읽어내지 못하면 남다른 역량을 발휘하기 어렵습니다.

실제 미국 MBA 학생들은 클라우제비츠의『전쟁론』과 손자의『손자병법』을 읽는다는 말이 있습니다. 철학을 전공한 피터 틸의 경우 마르크스와 셰익스피어에서 많은 통찰력을 얻었다고 합니다. 다양한 구성원들이 함께 공존하여 공동의 성과를 창출해야 하는 비즈니스의 세계에서 인간 본성에 대한 통찰은 위대한 힘이 됩니다. 적과 싸워야 할 때와 화해해야 할 때, 자존심이나 명예, 실리를 추구할 때와 뒤로 한발 물러나야 할 때 등 인간 본성이 바탕이 된 현상을 이해하는 것이 비즈니스에서 매우 중요하다는 것입니다.

바라트 아난드는『콘텐츠의 미래』에서 이제 기술혁신의 시대가 종료되고 편집과 창의의 시대가 열렸다고 말합니다. 탁월한 콘텐츠를 만드는 것보다 이들을 연결하고 융합해서 시너지를 창출하는 것이 훨씬 중요한 시대가 되었습니다. 이는 최고의 제품을 만드는 주체가 기업이 아닌 사용자로 넘어갔다는 것을 증명합니다.[71]

4차 산업혁명을 이끄는 최첨단기술 기업이 인문학을 주목하는 이유는 분명합니다. 인문학이 새로운 시대를 사는 사람들의 욕구를 제대로 이해하도록 돕기 때문이지요. 인문학은 비즈니스에 결정적인 차이를 만드는 핵심요소이기도 합니다.

과학기술의 발전으로 인간의 지능을 뛰어넘는 인공지능과 신체의 한계를 뛰어넘는 로봇의 시대에 우리는 보다 '인간다움'을 고민하게 되었습니다. 최첨단기술의 하이테크 기업조차 소비자가 높은 기술을 사용하고 싶도록 유도하는 것이 중요한 과제가 되었지요. 오랜 시행착오를 거듭하며 사람에 대한 이해가 부족한 기술은 그저 업그레이드된 기술에 불과할 뿐 속은 비어 있는 경우가 많습니다. 그런 기술을 담은 제품은 그저 공허함만 남기고 성공할 수 없다는 것을 깨달은 것입니다.

이제 분명한 것은 기업도 새로운 소비자의 욕구에 맞춰 제품을 만들고 서비스를 제공해야 한다는 것입니다. 비용과 제품의 완성도 만큼 신뢰할 수 있는 경영철학과 사회 기여 그리고 매력적인 이야기를 가져야 합니다. 기업에는 이런 부분을 담당해줄 인재가 필요합니다.

인간만이 가진 네 가지 특별한 지능

잡지『와이어드Wired』의 수석편집장인 케빈 켈리Kevin Kelly는 EBS 다큐프라임 제작진과의 인터뷰에서 로봇, 인공지능, 생명공학 등 새로운 발명이 '인간이란 무엇인가'에 대한 정의를 바꿔놓았다고 밝힙니다. 그동안 인간은 '인간만이 지능을 갖춘 개체'라고 정의했습니다. 하지만 인공지능이 발명되면서 '인간이란 무엇인가'에 대한 개념을 흔들리기 시작했습니다. 지금까지 인간의 노예라고 생각했던 기술이 점점 통제 불가능해지기 시작한 것이죠. 인공지능은 자율성을 가지고 스스로 결정을 내릴 수 있게 되었습니다. 그로 인해 인간은 하나의 과제를 떠안게 되었습니다. '과연 미래 인간은 어떤 모습이 되어야 하는가?'라는 문제입니다. 그리고 스스로 인간이 어떤 모습이길 바라는지 질문하고 답해봐야 합니다.

클라우스 슈밥은 4차 산업혁명 기술의 잠재력 때문에 인간성이 '로봇화Robotize' 될 수 있다고 경고합니다. 그리고 인간 본성의 정수인 창의성·공감·윤리적 감정을 성찰하면서 새로운 시대에 적합한 인간성을 고민해야 한다고 하죠. 인류가 인간성에 대한 깊은 성찰을 하기 위해서는 네 가지 지능을 키워야 한다고 이야기합니다.

그가 주장하는 첫 번째 지능은 '상황 맥락 지능'입니다. 이 지능은 인지한 것을 잘 이해하고 적용하는 정신적 능력을 말하죠. 특히 상황 맥락 지능은 변화가 일어나는 4차 산업혁명 시대에 반드시 필요한 능력입니다. 새로운 동향을 예측하고 풍부한 상상력을 도입해 나름의 결론을 도출하는 능력이지요. 클라우스 슈밥은 이 능력을 기르기 위해서는 어느 때보다 다양한 배경의 네트워크 힘을 빌려 경계를 허물고 효과적인 파트너십을 구축해야 한다고 말합니다.

두 번째는 '정서 지능'입니다. 생각과 감정을 정리하고 결합해 자신 및 타인과 관계를 맺는 마음의 능력을 말합니다. 정서적 지능은 자기인식, 자기조절, 동기부여, 감정이입, 사회적 기술을 담당합니다. 이 지능이 높은 사람은 창의적이면서도 빠른 회복력을 갖고 있죠. 그래서 4차 산업혁명의 혁신을 마주할 때도 새로운 아이디어를 만드는 데 익숙하고 유연하게 조직에 참여하거나 직접 창조해냅니다.

세 번째는 '영감 지능'입니다. 이는 개인과 공동의 목적, 신뢰성, 여러 덕목 등을 활용하는 영혼의 능력입니다. 이 지능은 공유의 가치를 핵심으로 합니다. 일의 의미와 목적을 고민하고 탐구하며 공동체에 대한 새로운 의식을 부여하는 것입니다. 4차 산업혁명이 지속 가능한 공동의 가치를 중요하게 여기는 만큼 공동체에 깊숙이 스며들어 공공의 이익을 위한 신뢰를 형성하는 영감 지능의 위상은 더욱 높아질 것입니다.

네 번째는 '신체 지능'입니다. 구조적 변화에 필요한 에너지를 얻기 위해 건강한 몸을 유지하는 능력입니다.

높은 기술적 혁신이 이루어진 사회에서 인간은 인간다운 일을 해야 합니다. 실제 인간은 추상적이고 모호한 것을 다루는 데 탁월한 기술을 가지고 있습니다. 이제 정교하고 구체적인 기술은 인공지능이 충분히 잘 해내고 있으므로 그들에게 자리를 넘겨주어도 됩니다. 『왜 인문학적 감각인가』의 저자 조지 앤더스는 인문학적 내공은 모순투성이인 데이터와 마주했을 때 발휘된다고 말했습니다.

인문학을 공부한 사람은 모호성과 맞닥뜨렸을 때 상대적으로 편안함을 느낍니다. 보통 사람들은 변화가 크고 난해한 상황을 불편해하지만 인문쟁이들은 빠르게 적응하고 추론을 통해 문제를 해결해 나갑니다. 이처럼 인문학은 유연한 자세와 수평적 사고에 도움을 줍니다. 남들이 모호함에 막혀 나아가지 못할 때 이들은 그 상황을 타개할 임시적인 방법을 잘 찾지요.

거듭 말하지만 인문학적 소양은 사안을 넓게 보고 종합적으로 이해할 수 있게 도와줍니다. 이는 복잡한 미래 상황을 예견하는 데도 유용하지요. 문학, 역사, 철학, 미학에서 많은 통찰을 경험했기 때문입니다. 이런 인문학의 연구주제들은 역사 속 사회와 개인의 변화, 특수한 상황에서 사람들의 심리, 특정 문화를 깊이 이해할 수 있습니다. 그로 인해 사회가 비합리적이고 감정적으로 흐를 때 사람들이 원하는 것을 빠르게 포착하고 해결 방안을 제시할 수 있습니다.

디지털 시대에 아날로그 감성이 필요한 이유

포스트 코로나 시대는 모든 영역이 급격하게 디지털화되는 디지털 전환Digital Transformation시대가 될 것입니다. 그래서 우리는 현실 공간과 디지털 공간이 혼합된 시대를 살아가게 되지요. 전 문화부 장관이었던 이어령 교수는 이 시대의 성격을 '디지로그Digilog'라고 표현하기도 했습니다. 디지털의 기술에 아날로그적 정서를 융합하는 현상을 의미하죠. 단언컨대 후기 정보 사회로 가는 가장 중요한 키워드는 디지털 기반과 아날로그 정서의 융합입니다. 디지털 공간에서 오히려 사람들은 정감 있고 온기 있는 콘텐츠를 더욱 갈망합니다. [72]

영화 〈죽은 시인의 사회〉에서 주인공 키팅 선생은 "의학, 법률, 사업, 기술은 고귀한 업적이지, 하지만 시와 낭만, 사랑은 우리가 살아 있는 이유야."라고 말합니다. 인공지능 시대에 키팅 선생님의 메시지는 더욱 선명해지고 있습니다. 한양대학교의 정재찬 교수는 한 가지 답만 아는 법을 배워온 학생들에게 시를 사랑하는 방법을 알려주는 것이 시급한 일이라고 말합니다.[73]

현대인이 감성을 잃어버렸다고 해도 여전히 SNS의 짧은 글귀에 많은 사람이 감동을 받고 누군가에게 공유합니다. 일상에 지친 이들은 유튜브와 인스타그램을 찾아 감성을 자극하는 다양한 문구와 이미지에 '좋아요'와 추천을 누르고 감상평을 달아줍니다. 인문학이 사람의 마음을 움직일 수 있다는 사실을 반증하는 사례입니다. 인공지능과 로봇, 스마트폰으로 단절된 듯 보이지만 사람에게는 여전히 감정적 욕구가 남아있다는 사실을 확인할 수 있습니다. 과거 인터넷과 스마트폰의 디지털화는 우리 삶에 위협으로 느껴지기도 했습니다. 하지만 뉴노멀 시대에 다양한 IT 기술은 우리를 자유롭게 하면서 동시에 긴밀하게 연결해주기도 합니다. 이는 기술과 인문학의 만남으로 이루어진 결과입니다. 첨단기술로 잘 포장된 물건 속에 모락모락 따듯함을 풍기는 감성이 잘 녹아들어 있는 느낌입니다. 이처럼 제4차 산업혁명의 시대는 디지털 기술에 감성적이고 따뜻한 인간중심의 기술이 더해집니다.

'선함'이 가진 영향력

최근 비윤리적인 기업의 총수들이 곤란한 상황에 처한 것을 목격할 수 있습니다. 비리나 갑질이 SNS를 통해 확산되면서 소비자는 비판을 넘어 그 회사 제품과 서비스의 불매운동까지 강행합니다. 상식에서 벗어난 비윤리적인 일을 자행하는 회사는 제품 경쟁력이나 서비스 만족도와는 무관하게 한순간에 몰락하는 시대가 되었지요.

반면, 윤리적인 경영을 하는 기업들은 재평가를 받는 상황입니다. 소비자들이 직접 찾아내 응원하고 제품이나 서비스를 이용해주는 일도 발생합니다. 흔히 '돈쭐 내다'라는 표현처럼 이제 사람들은 사회에서 올바른 가치가 인정받는 사회가 실현되기를 바라고 있습니다. 여기에 개인의 힘을 보태고 싶어하지요. 이처럼 기업의 도덕성은 실제 경영활동에 강력한 영향을 줍니다. 경영자의 부도덕한 행동이 사회적 논란이 되고 이런 상황은 기업의 경영전략에 많은 영향을 미치지요. 과거에는 기업의 윤리, 사회공헌 측면은 경영활동의 후순위였지만, 이제는 시대가 변해 기업의 사회공헌 활동이 우선순위에 올랐습니다. 소비자 또한 이 부분에 주목하고 있지요.

  미국의 아웃도어 제품을 파는 '파타고니아'는 독특한 판매 방식으로 주목을 받은 기업입니다. 대부분의 기업은 자사 제품의 강점을 내세우고 할인행사를 통해 마케팅 활동을 합니다. 하지만 파타고니아는 거꾸로 '이 자켓을 사지 마세요Don't Buy This Jacket'라는 광고를 냈습니다. 파타고니아는 전 세계에서 가장 많은 부를 창출하는 미국 서부 실리콘밸리와 동부 월스트리트에서 '교복'이라고 불릴 정도로 인기 있던 조끼를 팔던 회사입니다. 신제품이 출시되면 대부분 품절되어 살 수 없을 정도였지요. 그런데 이 회사는 왜 '이 옷을 사지 마세요'라는 캠페인을 벌였을까요? 이 캠페인은 실제 옷을 사지 말라는 의미가 아니라 옷을 한 벌 만드는 데 많은 환경 파괴적 요소가 발생되므로 최대한 오래 입고 수선해서 입자는 캠페인이었습니다. 그리고 이 마케팅 과정에서 자연스럽게 자사의 제품이 얼마나 친환경적이고 높은 내구성을 가졌는지를 내세울 수 있었습니다.

  경영학자들은 파타고니아 성공의 중심에는 환경 피해를 최소화하면서 최고의 제품을 만든다는 창업가 이본 쉬나드Yvon

Chouinard의 경영 철학이 빛을 발한다고 말합니다. 그 결과, 파타고니아는 지구를 지키면서도 사업적으로 성공할 수 있다는 사례를 남겼습니다.

파타고니아는 환경 피해를 줄인 다양한 철학이 담긴 제품을 판매하는 것뿐만 아니라. 매출의 1퍼센트를 자연환경의 보존과 복구에 사용하는 '지구세Earth Tax'를 도입했습니다. 그리고 고객들이 쓰레기를 늘리지 않도록 평생 수선을 책임지는 '원 웨어Worn Wear 프로그램'을 만들었습니다. 이로 인해 파타고니아는 2019년 UN 지구 환경 대상 비전 부문을 수상하기도 했습니다.[74]

이런 착한 기업은 또 있습니다. 자포스Zappos라는 기업은 인터넷에서 신발을 파는 회사였습니다. 이 회사는 2009년 아마존에 12억 달러(약 1조 4천억 원)에 인수되었는데 무자본으로 시작한 회사가 약 10년 만에 1조 4천억 원의 가치를 만들어낸 것이죠. 이들의 성공비결을 들어보면 흥미로운 지점을 발견할 수 있습니다. 그들은 IT 기술을 접목해 경영을 하는 인터넷 쇼핑업체임에도 경영이념은 고객과 직원, 거래 업체에 행복을 선사한다는 다소 철학적인 내용을 담고 있었습니다. 이 회사는 고객과의 전화 상담을 중요시해 콜센터 운영을 협력업체에 위탁하시 않았습니다. 모든 공정 과정이 인터넷으로 이뤄지는 최첨단 기업이면서도 전화 상담을 회사의 핵심 업무로 본 것입니다. 한 번은 고객이 신발을 구매하는 과정에 피자 배달 번호를 묻자 전혀 거리낌 없이 그들의 불편을 해결해주는 서비스를 제공했습니다.

파타고니아와 자포스의 성공은 우리에게 많은 의미를 전달합니다. 인공지능이 출현하는 시대에도 옳은 가치를 추구하고 이를 경영 철학으로 삼는 착한 기업들이 성공한다는 사실입니다. 이제 선함은 단순한 사회공헌 활동이 아니라 기업의 성공을 좌우하는 핵심요소입니다.

21세기 새롭게 떠오르는 이념, '덕德'

인공지능 시대에는 데이터, 알고리즘, 응용프로그램이 생각지 못한 윤리적 문제를 야기할 수 있습니다. 빅데이터는 우리의 프라이버시까지 간섭할 수 있고 알고리즘은 우리의 관념과 사고를 편협된 방향으로 이끌기 쉽습니다. 그렇기에 우리는 공정, 평등, 인권 문제를 더 깊이 생각해야 합니다. 특히 우리가 자주 머무는 인터넷 공간은 익명성과 개방성, 다양한 가치를 수용하는 공간이므로 이 문제를 간과할 수 없습니다. IT 기술이 우리 생활 깊숙이 파고들수록 개인들은 강력한 윤리의식을 지녀야 합니다. 새로운 시대에는 개인의 강력한 윤리의식이 강조됩니다. 기업 활동을 할 때나, 개인이 인터넷에서 다양한 활동을 할 때도 낮은 윤리의식은 많은 사회적 문제를 일으킬 수 있습니다.

미래학자 최윤식 박사는 '인성이 능력이 되는 시대가 도래한다'고 전망했습니다.[75] 기술과 편의성의 격차가 줄어들면서 이제는 다른 요인들이 기업의 성패를 결정짓게 된다는 것입니다. 최근의 비재무적인 요소인 ESG(환경, 사회, 지배구조)가 경영에서 중요한 화두가 된 것처럼 기업은 환경 우선 경영과 지배구조 개선, 윤리적 기준을 소비자에게 요구받습니다. 이는 투명하고 도덕적인 기업을 신뢰한다는 의미입니다. 그로 인해 기업의 경영 철학도 바뀌고 있지요. 높은 윤리성을 조직 구성원에게 요구하고 채용기준에 윤리성도 포함했습니다. 도덕성과 인성이 기업을 성장시키는 중요한 요소라는 것이지요.

서울대학교 철학박사인 황경식 교수는 오랫동안 '덕'의 중요성을 강조했습니다. 현대에서는 가치관의 다원성과 함께 새로운 윤리체계와 삶의 방식을 구상하는 일이 절실히 요구되기 때문입니다.[76] 모기룡 박사 역시 새로운 시대의 착함이 '덕'이라고 보았으며 현대 사회는 이 덕을 갖춘 사람이 승리하는 시대라고 말합니다.[77]

인간에게 '덕'이라는 개념은 고대부터 중세까지의 핵심철학이었습니다. 그러나 근대 이후로 윤리학에서조차 '덕'에 대한 논의가 사라졌습니다. 하지만 단언컨대 '덕'은 인간의 가치 의식을 제대로 된 길로 안내하는 철학입니다. 특히 지금과 같이 뉴노멀의 시대에 꼭 부활시켜야 할 요소이지요.

심리학에는 협동과 화합, 이타성, 윤리가 인간을 성장시켜주는 주요한 역량이라는 연구가 많습니다. 윤리와 이타성이 개인의 역량을 높이는 힘이라는 것입니다. 역량은 사람을 발전시키고 강하게 만들지만 개인뿐 아니라 사회를 진정으로 강하게 만드는 힘은 '윤리'에서 나옵니다.

진정한 성공의 동기, 협업과 이타성

클라우스 슈밥은 포스트 코로나 시대를 맞아 전 지구적인 경제·사회적 리셋이 필요하다고 말합니다. 이 리셋의 전제 조건은 국가와 개인 사이의 협력 확대입니다. 그러면서 공동의 목표를 위해 함께 행동하지 않고는 미래를 발전시킬 수 없다고 강하게 말합니다. 팬데믹이 우리를 분열시키고, 고립과 봉쇄를 강조하는 보수적인 사회 분위기를 만들었기 때문입니다. 포스트 코로나 혹은 4차 산업혁명 시대에 발생할 문제들은 한 국가와 개인들의 노력으로 해결할 수 있는 문제가 아니라는 것이지

요.[78]

협력은 40억 년 진화를 거쳐 인류의 중요한 가치로 자리매김했습니다. 인간은 협력을 통해 나날이 더해가는 복잡한 사회에 적응할 수 있었고, 정치적·경제적·사회적 결합을 강화했습니다. 노벨 경제학상 수상자 아마르티아 센Amartya Kumar Sen도 공적 행동의 역할을 강조하며 국제 협력의 중요성을 피력합니다. 이렇게 협력할 때 대안이 없던 지구의 거대한 문제를 해결할 실마리를 찾을 수 있기 때문입니다.

월터 아이작슨Walter Isaacson은 『이노베이터』에서 진정한 천재는 뛰어난 협업 팀을 가졌다고 밝힙니다. 스티브 잡스가 혁신적인 아이디어를 고안해내면 응용 엔지니어인 스티브 워즈니악Steve Wozniak같은 협력자가 구체적인 장치로 구현하는 방식이죠. 이런 협업의 방식은 세대 간에서도 이루어집니다. 최고의 성과를 내는 사람들은 앞서 혁신을 이끌었던 사람들의 바통을 이어받습니다. 스티브 잡스는 앨런 케이Alaa Kay의 개인용 컴퓨터에서 영감을 받았고, 앨런 케이는 더글러스 엥갈바트Douglas Engelbart의 HCI(인간과 컴퓨터의 소통)기술에 영향을 받았습니다. 성공적인 기술의 출연에는 뛰어난 소수뿐만 아니라 그들과 함께 협력한 조력자들이 항상 존재한다는 것이지요. 바꿔말하면 협력의 가치를 아는 이들만이 위대한 기술혁신을 이끈다고 할 수 있겠습니다.

타인과의 협력관계를 중요하게 본 사람은 2016년에도 있었습니다. 출간 후 엄청난 반향을 일으킨 도서『그릿』의 저자 앤젤라 더크워스Angela Duckworth입니다. 책의 제목인 '그릿'은 끝까지 해내는 힘을 말합니다. 이 책은 성공의 정의를 뛰어난 재능이나 좋은 환경이 아닌 불리함과 어려움, 역경, 슬럼프를 극복하려는 지속적 힘이라고 밝힙니다. 끝까지 해내는 열정의 원천에는 두 가지가 있는데 하나는 대상에 대한 흥미이고 다른 하나는 타인의 행복에 기여하겠다는 의도라고 하죠. 큰 성공을 이루는 사람은 자기 일이 타인과 깊이 관련 있다는 것을 느끼는 사람입니다. 인간은 이기적인 존재이면서 동시에 매우 이타적인 존재이기 때문입니다.

이를 확인하기 위해 앤젤라 더크워스는 미국 성인 1만 6,000명의 그릿 척도 검사를 진행했습니다. 흥미롭게도 그릿이 높은 사람들은 타인 중심적 성향이 대단히 강한 것으로 나타났습니다. 장기간 열정을 유지하기 위해서는 타인과 관계를 맺으며 서로 돕고 싶은 욕구를 가지고 있을 때 성공할 가능성이 크다는 것을 증명합니다.

행복한 승자가 되는 법

엄청난 성공을 거둔 사람들에게는 공통점이 있습니다. 재능, 노력, 끈기, 행운 등이 있습니다. 그런데 애덤 그랜트는 여기에 한 가지 요소를 더 추가합니다. 바로 '타인과의 상호작용'입니다. 그는 주는 것보다 더 많은 이익을 얻으려고 하는 사람인 테이커taker이나 받는 만큼 주는 사람 매처matcher보다 다른 사람을 먼저 생각하는 사람인 기버giver가 더 성공할 가능성이 높다고 단호하게 말합니다.

그에 따르면 지식과 정보를 다른 사람들에게 기꺼이 공유하며, 남을 위해 자신의 시간과 이익을 양보하는 사람이 가장 성공한다는 사실을 다양한 사례를 분석하여 입증했습니다. 이제 치열한 경쟁에서 싸워서 승리하는 '독한 놈'이 성공하는 시대는 가고 양보하고 배려하고 베푸는 '착한 놈(기버)'이 성공하는 시대가 되었습니다. 착한 사람인 기버의 방식은 자신이 손해볼 위험성을 가지고 있지만 장기적으로는 가장 강력한 힘을 발휘합니다.[79]

포스트 코로나가 던진 과제, 자연과의 공생

코로나19로 인해 사람들은 환경을 새롭게 인식하기 시작했습니다. 또한, 과학기술 발전이 얼마나 취약한지도 깨달았지요. 자연을 무분별하게 개발해서는 안 된다는 사실을 알게 되었고 지속 가능한 환경에 관심을 두게 되었습니다.

국가지도자들은 사회의 새로운 발전 동력을 친환경 정책으로 펼쳐 보이려고 노력합니다. 그동안 대기 환경오염의 주범으로 평가받던 화석연료는 친환경 에너지로 대체되는 중입니다. 탄소배출권이라는 제약으로 화석발전소는 점차 사라지고 친환경적인 풍력·태양력 발전소가 대안으로 급부상하고 있습니다. 석유로 운행되던 내연기관 운송수단들은 점차 전기와 수소를 동력으로 전환되고 있습니다.

클라우스 슈밥은 자연이야말로 오늘날 많은 병을 치료해주는 해독제라고 말합니다. 자연이 육체적·심리적 고통을 완화해주고 인간이 살아갈 혜택을 선사하는 까닭이지요. 코로나19는 자연과 분리되면 인간의 몸과 마음이 얼마나 황폐해질 수 있는지 알려주었습니다. 이를 깨달은 사람들이 자연의 중요성을 깨닫고 새로운 인식을 갖게 될 것이라고 합니다. 자연 자산을 지키는 데 더 많은 관심과 투자를 한다는 것이지요.

최근 부상하는 진화론은 다윈의 적자생존론이 아니라 린 마굴리스Lynn Margulis의 공생명론입니다. 생물학자인 마굴리스는 지구의 생명체들이 다른 생명체들과 함께 사는 운명의 공동체라고 말합니다. 생명의 진화는 적자생존의 경쟁에 적응한 개체들이 살아남는 방식이 아니라 다른 종과 공생하는 관계에서 많은 종이 탄생한 것이라고 했습니다. 개체들이 함께 모이면, 서로 많이 도우며 지능적으로 발달해 살아남는다는 것이지요. 즉, 진화에서 승리하는 종種은 존재하지 않으며, 모든 생명체가 지구라는 공간에 함께 존재하는 거대한 생명공동체라는 말입니다. 따라서 우리에게는 다른 생명체들과 공생하는 마음가짐이 필요합니다.[80]

　　흥미로운 사실은 코로나19 팬데믹으로 인류가 혼란에 빠져 있을 때 지구 생태계가 복원되었다는 것입니다. 어쩌면 코로나19는 인간에게 고통을 주기도 했지만 다른 생명체들과 공존해야 살아남을 수 있다는 가치를 일깨워준 지구의 위협적인 경고일 수도 있습니다. 이번 코로나 팬데믹만 잘 이겨내면 괜찮다고 생각한다면 크나큰 착각입니다. 이 경고는 수시로 우리에게 경종을 울릴 겁니다. 아마도 매년 두세 종의 바이러스가 전염병으로 변형해 4~5년마다 '간헐적 팬데믹'을 일으킬지 모릅니다. 이 말은 코로나 팬데믹 시대를 관통하며 사회적 혼란을 경험하는 우리에게 위협적으로 다가옵니다. 자연의 소중함을 망각하고 살았던 인간에게 울리는 강한 메시지인 것이죠.

앞으로는 자연의 공생관계를 심각하게 고민해야 할 것입니다. 강한 자가 살아남는 것이 아니라 지혜롭게 주변을 포섭하는 자가 살아남듯이 말입니다.

포스트휴먼, 인간중심주의를 버려라

포스트 코로나 시대에는 새로운 세계관과 가치관이 요구됩니다. 한양대 국문과 이도흠 교수는 미래의 인류는 육체적, 정신적으로 기존 인간이 갖지 못한 초인적인 능력을 가진 포스트휴먼으로 거듭날 것으로 보았습니다. 타인과 인공지능, 사물과 네트워크로 연결된 사회를 살게 된다는 것이죠. 이는 인간의 존재 유형과 정체성이 바뀌는 것입니다.[81]

자연에 대한 감수성은 자연과 더불어 산다면 자연스럽게 형성될 수 있습니다. 하지만 대부분 도시에서 태어나 생활한 현대인에게 그런 감성을 갖는다는 것은 쉽지 않습니다. 그래서 자연과 타인, 세상과 교감할 수 있는 감성은 하나의 고차원적인 소양이 됩니다.

그동안 인류는 휴머니즘이라는 가치관으로 세상을 바라보고 사물을 대해왔습니다. 인간이 모든 존재 가운데 가장 귀중하다는 가치관입니다. 이런 인간중심주의는 자연을 일종의 도구로 보고 인간의 목적을 위해 생태계를 파괴했습니다. 서식지가 파괴되는 상황에서 동물들은 멸종위기에 처하게 되었지요. 학자들은 코로나19 전염병이 창궐하게 된 직간접적인 원인으로 자연환경 파괴를 꼽습니다. 이제 인간은 자신들이 저지른 행위가 얼마나 어리석었는지 서서히 깨닫고 있습니다.

팬데믹의 발생과 생명공학의 발전으로 휴머니즘 가치관은 조금씩 흔들리고 있죠. 또한 인공지능 로봇의 등장으로 인간의 존재 이유와 정체성마저 혼란을 겪고 있습니다. 따라서 4차 산업혁명 시대에는 인간이 정신적·육체적·정서적 차원에서 새로운 존재, 즉 포스트휴먼으로 거듭나야 합니다.

포스트휴먼은 생물학과 기술과학으로 인간과 로봇, 새로운 생명 존재와 구분이 모호해지는 초월적 인간을 의미합니다. 인간중심주의에서 벗어난 개념이지요. 인간이 중심이 되어 자연을 파괴하고 도구로 삼는 것이 아닌 자연과 공존하고 공감하고 연대하는 감각이 포스트휴머니즘의 핵심입니다. 다른 인간과 생명체, 나아가 기계나 인공지능과도 공존하는 마음이 요구되는 인간이라 할 수 있습니다.

인공지능 시대의 대체불가함

인공지능 시대, 우리에게 진정으로 필요한 것은 무엇일까요? 영화 〈그녀HER〉의 주인공 테오도르는 최첨단 기술시대를 살아가며 다른 사람의 편지를 대신 써주는 작가로 일하고 있습니다. 그는 자신의 감정을 섬세하게 표현하기 힘들어하는 사람들을 대신해 아름다운 문장으로 가족과 친구, 연인에게 전달하고 싶은 마음을 글로 써줍니다. 그러나 정작 자신은 아내와 별거 중인 채로 누구보다 외롭게 하루하루를 살아가고 있지요. 공허하게 살아가던 그는 우연히 인공지능 '사만다'를 접하고 자신의 감정에 공감해주는 그녀와 사랑에 빠집니다.

스파이크 존스 감독의 이 영화는 인공지능 시스템이 고도로 발달한 미래의 어느 사회를 배경으로 합니다. 그 시대 인류는 일상의 모든 것들이 윤택하고 편리하지만, 쓸쓸하고 무미건조한 삶을 살아갑니다. 사람들은 사랑하는 법을 잊어버리고 타인과 소통하는 데 어려움을 겪습니다. 사랑하는 이에게 진심 어린 편지 하나 쓸 수 없는 상태가 되어버린 것입니다. 주인공 테오도르가 인공지능 운영체제 사만다와 사랑에 빠지고 현실을 깨달아가는 과정에서 삶의 진정한 가치를 생각하게 됩니다.

인공지능 시대로 진입을 앞둔 시점에서 우리는 이 영화의 메시지를 되새길 필요가 있습니다. 기술의 발전이 우리 삶을 바꾸고 인간의 본성을 흔들 때 우리가 잃지 않아야 할 가치는 무엇이고 궁극적인 삶의 목적은 무엇인지 성찰해야 합니다.

빌 게이츠는 아주 오래전부터 환경보호의 중요성을 주창하며 10년간 기후 재앙을 연구했습니다. 코로나19와 같은 글로벌 팬데믹도 예견했지요. 2019년 11월 공개된 넷플릭스 다큐멘터리 〈익스플레인 : 세계를 해설하다〉의 '전염병의 위협' 편에서 그는 머지않은 미래에 수백만의 인구가 목숨을 잃을 유일한 일은 바이러스에 의한 팬데믹이라고 언급했습니다. 그는 이전 여러 강연과 인터뷰에서도 이런 위기를 경고해 왔습니다. 하지만 사람들은 그 이야기에 크게 주목하지 않았습니다. 그래서 어찌 보면 이번 글로벌 팬데믹은 그야말로 일어날 수밖에 없었던 예측 가능한 재앙이었습니다.

세계적인 경제사상가 나심 탈레브Nassim Taleb 역시 코로나19는 예견된 일이었다고 말합니다. 곳곳에서 팬데믹의 징후들이 보였다는 것입니다. 그는 인간은 이미 일어났던 사실에 집착하는 타성이 있다고 말합니다. 그 타성이 곳곳의 신호를 읽지 못하게 하는 원인이 되며 사람들은 자신이 원하는 방식으로만 세상을 바라본다는 것이죠. 그런 경향 때문에 드러날 수밖에 없는 세상의 변화를 외면하고 충격적인 결과를 맞이하게 됩니다. 인류의 1%만이라도 비판적 사고를 했다면 이 충격적인 변화를 감지할 수 있었을 것이라고 말합니다.

미래학자인 니콜라스 카^{Nicholas Carr}는 기술 혁명으로 인류가 깊이 생각하는 능력을 잃어가고 있다고 말합니다. 여기에 더해 인터넷이 깊이를 잃어버린 지식을 생산한다고 비판합니다. 쉽게 정보를 얻는 환경에서 사람들은 심도 깊은 지식보다 빠르고 가벼운 지식을 더 원하지요. 그로 인해 우리는 깊이 생각하고, 분석하고, 통찰하는 능력을 상실하게 되었습니다.[82]

유튜브와 넷플릭스 같은 사이트의 사용자들은 시스템 알고리즘이 추천해주는 방향에 따라서 콘텐츠를 선택하는 경향이 높습니다. 사실 자신이 볼 콘텐츠를 스스로 선택한다고 믿지만 실제로는 빅데이터에 근거해 인공지능이 선택해 주는 것이지요. 아이러니하게도 기술혁신의 정점에 서 있는 실리콘밸리에서 일하는 직원들은 자녀들에게 디지털 기기를 최대한 멀리 할 것을 요구합니다. 이들은 이미 인터넷이 주는 병폐를 알고 있던 것이죠.

그렇다면 우리는 어떤 자세를 취해야 할까요? 점점 더 적극적인 행동태세를 보이는 인공지능이 많아질수록 인간들은 자기 의지를 강력히 피력할 수 있는 힘이 필요합니다. 그리고 이런 힘은 바로 독립적이고 비판적인 사고력이 바탕이 됩니다. 이 사고력은 사회의 변화를 빠르게 감지하는 통찰력도 함께 키워 줍니다. 역사와 현재 그리고 미래를 읽는 힘에서 나오는 능력이 바로 이런 통찰력이죠. 독립적인 사고력을 향상시키기 위해 항상 세상을 객관적이고 비판적으로 바라볼 수 있는 훈련이 필요합니다. 다양한 매체에서 제시하는 비슷하고 편향적인 뉴스가 아닌 깊은 통찰에서 나오는 검증된 철학자나 사상가의 책을 읽어야 하는 이유이기도 합니다. 특히 오랜 생명력을 가진 고전이 주는 통찰이야말로 우리를 독립적인 사고로 이끌 것입니다.

대체불가를 만드는 힘, 인문학

'인공지능'의 이론적 가능성을 최초로 제시한 에이다 러브레이스Ada Lovelace는 시인 바이런의 딸입니다. 바이런은 유럽 낭만주의에 큰 족적을 남긴 시인이지요. 아버지의 영향으로 에이다는 유년기부터 인문학적 분위기의 집안에서 성장했습니다. 그런 환경에서 그녀는 당시로서는 상상할 수 없었던 세계 최초로 기계가 작동하는 방식을 기록한 '알고리즘'을 개발했습니다. 그리고 100년 후 그녀가 인류 역사 최초의 프로그래머였다는 것이 밝혀졌습니다.

최초로 인공지능 연구를 시작한 워런 매컬러^{Warren McCulloch}는 예일 대학에서 철학과 심리학을 전공했고, 컬럼비아 대학에서 심리학을 전공했습니다. 그와 함께 인공지능 연구를 함께한 월터 피츠^{Walter Pitts}는 영국의 세계적인 철학자 버틀런트 러셀^{Butland Russel}에게 철학적 조언을 할 정도의 높은 인문학적 소양을 가진 사람이었습니다.

애플의 스티브 잡스가 일찍이 이야기한 것처럼 진정한 혁신을 만드는 기업과 개인은 진화하는 기술을 잘 활용하여 가장 인간적인 문제를 해결합니다. 더욱 건강하고 행복한 삶을 살 수 있게 돕고, 사람들과 쉽게 연결되도록 해 새로운 기회를 창출하는 것입니다. 그래서 모든 기술의 시작은 인문학이라고 할 수 있지요.

인공지능 시대에 인문학 공부가 중요한 이유

노스이스턴^{Northeastern} 대학 총장 조지프 아운^{Joseph Aoun}은 AI 시대 고등교육은 인문학과 기술이 결합한 새로운 인간학이라고 정의했습니다. 그러면서 기술, 데이터, 문해력이 인간학의 기초라고 말합니다. 인문학은 기본적으로 인간만이 가지는 능력을 연구합니다. 과학이 인간을 다른 개체 혹은 자연적 요소와의 조합으로 보고 연구하는 것과 다르게 인문학은 인간만이 가지고 있는 것들을 연구하죠. 그러나 사실상 모든 학문은 인문학의 바탕인 철학에서 시작합니다. 철학이 모든 학문의 토대가 되었기에 인문학을 어느 학문의 독립적인 영역이라고 규정하는 것은 불가능합니다. 즉, 이 책에서 말하는 인문학은 모든 분야에 적용되는 '인간'에 대한 깊이 있는 탐구를 의미합니다. 마치 르네상스 시대에 생겨난 인문주의처럼 독립된 존재로서의 인간을 이해하려는 노력이지요.

『인문학 이펙트』의 저자 스콧 하틀리는 인공지능 시대에 중요한 것은 '올바르게 질문하는 능력'이라고 말합니다. 이 질문 능력은 인문학 공부를 통해서 얻을 수 있습니다. 스티브 잡스도 인문학을 강조했고, 에어비앤비 CEO 브라이언 체스키는 미술을 전공했으며 슬랙의 설립자 스튜어트 버터필드와 링크드인의 설립자 리드 호프먼, 피터 틸도 철학을 전공했습니다. 이처럼 인문학적 소양을 갖춘 이들이 기술과 인문학을 결합하여 세상을 바꾸는 시대에 우리는 살고 있습니다.

하틀리는 인문학 교육의 핵심목표는 학생들이 자신의 열정을 발견하고 추구하도록 돕는 것이라고 수장합니다. 나잉한 학문을 접하고 토론을 통해 자기 생각을 점검하고 다른 이의 생각을 수용하는 과정에서 자신이 추구할 분야의 단서를 찾게 만들어 준다는 것입니다. 그리고 무엇보다 배움을 사랑하게 이끄는 학문이 인문학입니다. 이런 능력을 키운 학생은 평생 자신이 추구할 소명을 찾게 되지요. 비즈니스 채팅 서비스 슬랙스 Slack의 설립자 스튜어트 버터필드Stewart Butterfield는 철학 교육을 통해 논증을 끝까지 따라가는 방법을 배웠고 경영을 할 때 매우 도움이 되었다고 밝혔습니다.

AI 윤리를 연구하는 김재인 교수는 인문학이 두 가지 면에서 중요하다고 강조합니다. 하나는 삶의 가치들을 끊임없이 평가한다는 점, 다른 한편으로는 현실에 끝없는 질문과 아이디어를 준다는 점입니다. 그리고 무엇보다 인문학은 현재에 대한 저항을 기본 활동으로 삼고, 더 나은 미래를 건설하려는 의지를 담습니다. 따라서 우리는 인문학을 학습함에 따라 미래를 긍정적으로 보고 기술을 통해 더 나은 삶을 살아가는 미래의 청사진을 제시하게 됩니다.

모기룡 박사는 인문학이 제품의 고상함과 품격을 만들어 주며, 기업과 개인의 도덕성을 증진시켜주고, 인간 중심의 관점을 갖게 하며, 창의성과 비판적 사고를 길러준다고 보았습니다. 이러한 인문학적 소양이 기업에게도 절대적으로 필요하다고 주장하지요. 기업들이 원하는 최종 목표는 제품을 소비자들이 만족할 만한 가치를 찾고 제공하는 것인데, 그것을 달성하기 위해 소비자의 심리적인 요소인 미학적 가치, 기업 이미지, 브랜드 이야기, 기호를 고려할 수 있기 때문입니다. 이를 위해 융합적인 사고와 인문학적 소양이 필요하다는 것입니다. 그런데도 우리 사회는 아직 인문학을 '부수적인 소양' 정도로 여기고 있습니다. 인문학은 본래 실용성이 아닌 '올바름'과 '지혜'를 얻기 위한 길입니다. 실용적 목적보다는 사람 자체를 위한 학문이지요. 피터 틸은 비즈니스의 세계에서 진정한 성공은 '독점'을 신조로 삼는다고 했습니다. 여기에서의 독점은 부정적인 의미가 아닙니다. 타인과의 경쟁은 더없이 어리석은 것이며, 새로운 분야를 개척해서 '독점하는' 것을 말합니다. 새로운 분야를 개척한다는 것은 많은 위험과 인내심을 요구합니다. 그렇기에 '독점'이 가능하지요.

기업과 개인은 완전히 새로운 시장을 개척해서 '독점하는' 주체가 되어야 합니다. 다른 이들이 가지 않은 길을 가보고, 엉뚱한 시도를 계속해볼 필요가 있습니다. 이 시기에 중요한 것은 지식을 빠르게 습득하는 것이 아닌 새로운 지식을 스스로 찾고 습득하는 것입니다.

성공하는 기업을 만드는 인문학

최근 들어 현대 경영의 관점과 철학은 빠르게 변화하고 있습니다. 기존의 경영학에서는 표준화, 전문화, 계획과 통제를 기반한 기업운영의 방법과 프로세스가 연구되어 왔습니다. 따라서 기업의 구성원들을 관리하여 성과를 창출해야 하는 인사조직론에서는 합리성과 능률성을 최고의 가치로 삼고 이를 토대로 조직을 관리하는 방법을 개발해왔습니다. 하지만 이 경향은 최근 많은 한계를 드러내기 시작했습니다. 4차 산업혁명의 시대에서 높은 경쟁력을 가진 조직과 개인은 매우 창의적이고 개성이 뚜렷합니다. 이제 이들을 관리하고 성과를 창출하기 위해서는 과거의 조직이론은 한계를 느끼기 시작했습니다. 그래서 최근 조직론에서는 '기업문화'의 개념이 점차 중요해지고 있습니다. 그 기업과 구성원들에게 적합한 문화를 만들어서 이들에게 통제와 지시가 아닌 자기 주도적으로 높은 응집력을 가진 기업으로 만든다는 개념입니다.

이를 위해서 우리는 인류학이라는 인문학의 연구방법이 필요해집니다. 바로 어떤 기업에 적합한 문화를 만들기 위해 이전의 문화를 분석하고 이것들을 어떻게 올바른 문화로 변화시킬지가 중요한 것입니다. 이를 '기업 인류학', '조직 인류학'으로 부릅니다. 경제경영 이론이 아닌 인문학을 토대로 기업문화

를 분석하고, 경영전략에 적합한 문화로 변화시키는 방법입니다.[83]

인류학은 인간과 그 사회가 가진 숨은 구조를 밝혀냅니다. 그리고 인간과 집단이 왜 비합리적인 행동을 하는지를 개인과 집단의 무의식에서 그 근원을 찾습니다. 한 공동체의 문화는 다양한 역사적 경험과 환경 속에서 형성됩니다. 사람들이 모여 일하는 기업도 마찬가지입니다.

따라서 문화를 분석하고 새로운 문화를 장착하는 일은 단순한 문제가 아닙니다. 왜 이 문화가 형성되었으며, 이 문화가 어떤 단계를 거쳐 올바른 문화로 정착할 수 있는지 섬세하고 구체적인 인문학적 접근이 필요합니다. 따라서 이처럼 기업문화를 분석하고 좋은 문화를 이식하는 기업 인류학의 중요성은 점차 확대되고 있습니다. 그래서 글로벌 하이테크 기업들은 인문학 특히 뛰어난 인류학 전공자들을 대거 영입하고 있습니다. 이들의 능력이 기업 구성원들을 응집시켜 고객과 사용자들이 좋아하고 신뢰할만한 서비스와 제품을 만드는 데 중요한 역할을 하기 때문일 것입니다.

이처럼 인문학은 오랜 역사 속에서 축적된 인간의 본질과 특성에 대한 깊은 통찰과 지혜를 제공합니다. 그래서 우리는 합리성과 능률성으로 대표되는 기업 경영활동에서도 숨겨진 인간의 마음과 행동을 인문학에서 배울 수 있습니다.

현대 경영 조직의 연구 흐름을 보면 조직의 혁신을 이끄는 데 리더 개인의 인문학적 소양이 필요하다는 것을 알 수 있습니다. 인공지능 시대에 조직을 이끈다는 건 다양한 기질과 성격을 가진 조직의 구성원을 응집시키는 것이지요. 다양성을 인정하고 기업이 추구해야 할 가치를 올바로 세우며 협력해 나가야할 힘은 인문학적 소양에서 나옵니다.

에릭 브린욜프슨 교수는 인류는 지금까지와는 다른 능력을 발달시켜야 한다고 주장합니다. 물질적 욕구는 기계와 인공지능에 맡기고 사회적 욕구를 다루는 일에 집중해야 한다는 것입니다. 인공지능과 인간이 서로 부족한 부분을 채워가는 결합을 통해 상생해야 하는 이유입니다. 인간에 대한 깊이 있는 이해를 돕는 인문학적 소양으로 사람들이 원하는 가치를 만들어내는 대체불가한 존재가 되어야 하지요.

김재인 교수는 '뉴 리버럴 아츠New Liberal Arts'의 인문학을 제안합니다. 과거의 리버럴 아츠보다 발전된 개념인 뉴 리버럴 아츠는 오늘날 제기되는 많은 물음에 답을 제시하는 인문학입니다. 인류가 직면한 인공지능, 기후위기, 감염병 대유행을 헤쳐나가는 데 어떤 역할이 필요한지 답을 찾는 역할이지요. 이를위해 처음부터 분리하지 않는 컴퓨팅 사고력Computational thinking

이나 디자인 능력Design thinking을 학습할 필요가 있다고 합니다. 이런 능력은 제품뿐만 아니라 최근 많은 부가가치를 창출하는 음악, 영화, 드라마 등 매력적인 콘텐츠를 개발하는 원동력이 되기 때문입니다.[84]

이미 경영 분야에서는 이런 뉴 리버럴 아츠를 필요로 하고 있습니다. 전 세계 기업이 기술뿐만 아니라 심리학과 철학, 경제와 역사, 윤리 소양을 갖춘 사람들을 찾고 있지요. 물론 다가올 미래에 과학과 공학이 높은 수준의 하드 스킬을 갖추어야 하는 것은 의심할 여지가 없습니다. 하지만 인공지능이 훨씬 더 높은 수준을 발휘하는 시대에 기술력의 발전만으로는 한계가 있습니다. 인공지능 시대에 새롭게 나타난 현상의 원인을 빠르게 이해하고 그 맥락에 맞는 아이디어를 도출해내야 합니다. 이를 실현시키기 위해서는 인문학 소양을 갖춘 인재들이 절대적으로 필요합니다. 그리고 인문학적 소양을 갖춘 사고력이야말로 인공지능이 대체할 수 없는 유일한 능력입니다.

인문학으로
인공지능 시대를 주도하라

"무엇이 당신을 인간으로 만듭니까?"
_카렐 차페크의 희곡 _『로숨의 유니버설 로봇』

'로봇Robot'이라는 단어를 최초로 만들어낸 사람은 체코 작가
카렐 차페크Karel Capek입니다. 20세기 초 체코 사회의 문제를 꿰
뚫어 보았던 차페크는『로숨의 유니버설 로봇』에서 최초로 '로
봇'이라는 단어를 사용합니다. 그는 자신의 작품에서 인공지능
을 장착한 로봇이 인간을 대체하는 시대상을 그리며 우리에게
질문을 던집니다.

"무엇이 당신을 인간으로 만듭니까?"

카렐 차페크는 '로봇'의 시대를 예견하면서 시대와 역사를 넘어 믿어야 할 것은 '인간다움'이라고 말합니다. 세 번의 산업혁명은 로봇 같은 기계적인 인간이 되기 위해 노력해온 과정일 수 있습니다. 그러나 로봇이 인간의 신체적·지적 능력을 대체하는 최첨단 기술시대는 우리에게 오히려 인간다움이 무엇인지 묻습니다.

코로나19 글로벌 팬데믹이 전 세계에 창궐하자 비인간적인 기술발전과 물질주의에 대한 반성과 더불어 인간성의 회복과 자연에 귀의하는 움직임이 일어나고 있습니다. 특히 기술발전이 인류에게 불행을 가져다주는 방향으로 전개되는 것에 분노하고 인공지능 같은 엄청난 기술의 수혜가 소수에게 독점된다는 문제가 돌출되기 시작했습니다.

이 책은 포스트 코로나 시대에 예견되는 사회 변화와 그에 따라 부상하는 새로운 가치관을 추적했습니다. 뉴노멀로 불리는 미래 사회에 필요한 인재를 '르네상스형 인간'이라고 보았지요. 르네상스형 인간은 다양한 분야를 넘나들며, 자신의 잠재력을 믿는 창조자들입니다. 그들은 중세 유럽의 페스트라는 절망적인 상황에서 인류의 가장 빛나는 순간인 르네상스 시대를 열었습니다. 21세기 세계를 덮친 코로나19 팬데믹 상황에서도 역시 르네상스형 인간이 필요합니다. 이들은 타인이나 자연과 교감할 줄 알고, 새로운 기술을 거부감 없이 받아들이죠. 무엇보다 인간을 깊게 이해하고 인간적인 가치를 제대로 일깨워줍니다. 이처럼 포스트 코로나 시대는 새로운 질서를 창조하는 르네상스형 인간이 부상하는 시대가 될 것입니다.

롤프 옌센과 자크 아탈리와 같은 미래학자들이 21세기를 '제2의 르네상스'라고 예견한 것처럼 인류 역사는 물질주의가 팽배했던 시기에 오히려 새로운 가치를 출현시켜왔습니다. 그 중심에 미국 실리콘밸리가 있습니다. 세계적인 실리콘밸리의 하이테크 기업들은 인문학적 소양을 갖춘 인재를 지속해서 채용하고 있습니다. 스탠퍼드 대학에서는 인문학과 컴퓨터과학을 융합한 '상징체계' 전공을 가르쳐 인재를 배출하고 있습니다.

20세기 성난 젊은이들이 물질주의적 가치관에 경도된 사회를 비판하며 일어섰던 움직임에서 출발한 히피의 가치관이 IT 기업에 흡수되어 혁신의 문화를 만든 것처럼, 4차 산업혁명의 기술혁신을 이끄는 실리콘밸리는 인문학을 통찰하며 혁신을 유지하고 기술로 인류의 새로운 가치를 창조하고 있습니다. 그러므로 우리는 기술혁신 시대에 인문학이 강조되는 흐름을 제대로 이해할 필요가 있지요.

우리가 반드시 기억해야 할 것은 르네상스가 모두에게 찾아온 것은 아니라는 겁니다. 거대한 변화에 적응하지 못한 이들은 구체제의 몰락과 함께 사라졌습니다. 우리는 15세기 르네상스 시대를 무탈하게 지내온 르네상스인들에게서 지혜를 배워야 합니다. 코로나19라는 역사적인 변곡점의 시대에 인생을 개척하고 창조하는 '창조자'들만이 제2의 르네상스를 맞이할 것이리는 건 기억해야 합니다. 지금 우리에게 주어진 과제는 새로운 것을 창조할 수 있는 집단과 개인이 되어야 하는 것입니다. 이를 위해 필요한 것은 세상을 바라볼 새로운 시각입니다. 기존의 성공을 모방만 할 것이 아니라 인간만이 가진 특성으로 우리만의 방식을 개발해야 합니다.

인공지능 시대에 대체 불가능해지는 방법은 자신만의 고유한 잠재력을 발굴하고 자신만의 사명을 가지고 살아가는 것입니다. 이것이 가장 인간다운 삶을 사는 것이고 품격 있는 인생을 살아가는 것입니다. 애플과 파타고니아와 같은 기업들은 인공지능 시대에 오히려 더욱 인간다운 혁신을 이야기합니다. 그들은 단순히 기술을 개발하는 것이 아닌 '인생을 걸만한 중요한 가치'에 도전하는 것을 기업경영의 가치로 삼고 있습니다. 불가능을 가능하게 하는 것, 인류의 잠재력을 극대화하여 다른 차원의 삶을 살게 하는 것과 같이 가슴 설레는 사명을 가지고 세상을 개척해 나갑니다. 이런 목표가 있는 기업의 제품과 서비스만이 우리를 행복하게 해주고 삶의 진정한 의미를 깨닫게 해줄 수 있습니다.

코로나19가 우리에게 남긴 것은 피폐해진 삶과 고단한 일상이 아닙니다. 비록 우리의 행동을 마비시키고 고통을 안겨 주었지만 한편으로는 중요한 본질이 무엇인지 성찰하라는 메시지를 남겼습니다.

우리는 코로나19라는 역사적 변곡점에서 자신의 힘으로 인생을 개척하고 살아가야 합니다. 그 힘은 끊임없이 스스로 고민하고 독서하고 토론하고 다양한 상황에서 자신을 놓아보는 도전을 통해 길러집니다. 특히 인문학적 사고는 독립적 사고를 향상시키고 자신만의 개성을 강화시켜 줍니다. 나아가 급변하는 외부 환경에도 자신만의 길을 묵묵하게 걸어갈 때 든든한 버팀목이 됩니다. 이는 새로운 길을 개척해야 하는 미래에 요구되는 능력이기도 합니다.

결국 인공지능 시대에는 사회가 요구하는 것 이상으로 자신의 길을 개척하는 선구자, 즉 인공지능이 대체할 수 없는 인간적인 가치를 만드는 사람이 승리할 것입니다. 그러므로 우리는 시대의 변화를 정확히 읽고 확고한 자신만의 길을 걸어가야 합니다. 역사는 용기와 불굴의 정신으로 살아간 사람들의 승리만을 기록할 것입니다.

참고문헌

1 스티븐 핑커, 매트 리들리 외 2명, 『사피엔스의 미래』, 모던아카이브, 2016.

2 김기봉, 「포스트 코로나 뉴노멀과 신문명 패러다임」, 『철학과 현실 제129호』, 2020.09

3 롤프 옌센, 『르네상스 소사이어티』, 36.5 2014.

4 박홍규, 『인간시대 르네상스』, 필맥 2009

5 폴 존슨, 『르네상스』, 을유 문화사. 2003

6 로맹 롤랑, 『미켈란젤로의 생애』, 범우사. 2007.

7 엔리카 크리스피노, 『미켈란젤로』, 마로니에북스, 2007.

8 [비바100] '포스트 코로나' 곧 뉴 르네상스 시대가 온다. 브릿지경제, 2020.5.25.

9 김재인, 『뉴노멀의 철학』, 동아시아. 2020.

10 유발 하라리 외, 『초예측』, 웅진지식하우스, 2019

11 타일러 코웬, 『4차 산업혁명 강력한 인간의 시대』, 마일스톤, 2017.

12 니콜라스 카, 『유리감옥』, 한국경제신문, 2014.

13 수전 그린필드, 『마인드 체인지』, 북라이프, 2015.

14 수전 그린필드, 『미래』, 지호, 2005

15 한스 모라벡, 『마음의 아이들』, 김영사, 2011.

16 토머스 프리드먼 "코로나 다음 대재앙은 기후변화 팬데믹", 매일경제. 2020.12.21.

17 "실리콘밸리에 때아닌 닭키우기."지위, 재력의 상징", 한국일보, 2018.03.05.

18 "당신들이 내 꿈 앗아가" '환경소녀' 툰베리, 유엔서 연설, 연합뉴스. 2019.09.24.

19 그레타 툰베리 외, 『그레타 툰베리의 금요일』, 책담, 2019.

20 유럽 녹색당 급부상... 녹색-보수 연합까지 등장, 한겨레, 2020.06.30.

21 "급식에서 고기 빼겠다" 조선일보. 2012.02.22.

22 바이든도 베팅 '그린뉴딜'... '선제대응 필수'. 머니투데이 2021.01.06.

23 어린이 장래희망 1위 '콘텐츠 크리에이터', 아시아경제. 2021.04.29.

24 美최고 인기 스트리머 '닌자', 트위치 떠나 믹서로 이적, 데일리게임. 2019.08.02.

25 롤프 옌센, 『드림 소사이어티』, 리드리드 출판, 2005.

26 제리 브로턴, 『르네상스』, 교유서가. 2018

27 찰스 밴 도렌, 『지식의 역사』, 갈라파고스. 2010

28 월터 아이작슨, 『레오나르도 다빈치』, 아르테, 2019.

29 팀 패리스, 『타이탄의 도구들』, 토네이도. 2018.

30 이케다 준이치, 『왜 모두 미국에서 탄생했을까』, 메디치 미디어. 2013.

31 강신주, 강준만 외 6명, 『성난 얼굴로 돌아보라』, 메디치미디어. 2014.

32 이남훈, 『CEO 스티브 잡스가 인문학자 스티브잡스를 말하다』, 팬덤북스. 2011.

33 황장석, 『실리콘밸리 스토리』, 어크로스, 2017.

34 정지훈, 『거의 모든 인터넷의 역사』, 메디치미디어. 2014.

35 최형욱, 『버닝맨, 혁신을 실험하다』, 스리체어스, 2018.

36 티나 실리그, 『인지니어스』, 리더스 북, 2017.

37 미네르바스쿨, 강의실 없이 온라인 토론 수업, 중앙선데이, 2016.07.10.

38 클라우스 슈밥, 『제4차 산업혁명』, 새로운현재, 2016,

39 SAP, "생산을 매장에서" 아디다스 스피드팩토리 구현, 전자신문, 2019.07.17.

40 클라우스 슈밥 외 26인, 『4차 산업 혁명의 충격』, 흐름출판, 2016.

41 미치오 카쿠, 『미래의 물리학』, 김영사. 2012.

42 브뤼노 라투르, 『판도라의 상자』, 휴머니스트. 2018.

43 마쓰오 유타카, 『인공지능과 딥러닝』, 동아엠앤비, 2015.

44 이미솔 외, 『4차 인간』, 한빛비즈. 2020.

45 에릭 브리뇰프슨, "AI에 따른 생산성 붐은 아직 오지 않았다." AI티임스, 2020. 12.10.

46 One-third of jobs in the UK at risk from automation, Deloitte, 2014

47 Frey, Carl Benedikt, and Michael A. Osborne. "The future of employment. how susceptibleare jobs to comuterisation?" 2013.

48 타일러 코웬, 『4차 산업혁명 강력한 인간의 시대』, 마일스톤, 2017.

49 새뮤얼 헌팅턴, 『문명의 충돌』, 김영사. 2016.

50 『오리지널스』, 애덤 그랜트, 한국경제신문. 2020.

51 김상균, 『게임인류』, 몽스북, 2021

52 김상균, 『메타버스』, 플랜비디자인. 2020.

53 김상균, 『게임 인류』, 몽스북, 2021.

54 제인 맥고니걸, 『누구나 게임을 한다』, 알에이치코리아. 2012.

55 스콧 하틀리, 『인문학 이펙트』, 마일스톤, 2017.

56 조지 앤더스, 『왜 인문학적 감각인가』, 사이. 2018.

57 에드워드 윌슨, 『통섭』, 사이언스북스. 2005.

58 "This Popular Major at Stanford Produced Some of the Biggest Names in Tech", Business Insider, 2016.01.21

59 토마스 라폴트, 『피터 틸』, 앵글북스, 2019.

60 토마스 라폴트, 『피터 틸』, 앵글북스, 2019.

61 피터 틸, 『제로 투 원』, 한국경제신문, 2014.

62 이남훈, 『CEO 스티브 잡스가 인문학자 스티브잡스를 말하다』, 팬덤북스. 2011.

63 『The Cognitive Style of PowerPoint』, Tufte, Edward. Graphics. 2003.

64 "경쟁사가 빠른 출시와 스펙에만 빠질 때 고객 불편 덜어주는 '애플스러움'에 집중", 동아비즈니스 리뷰, 2020.11.

65 바라트 아난드, 『콘텐츠의 미래』, 리더스북, 2017.

66 조지 앤더스, 『왜 인문학적 감각인가』, 사이. 2018.

67 이케다 준이치, 『왜 모두 미국에서 탄생했을까』, 메디치미디어. 2013.

68 로버트 해그스트롬, 『현명한 투자자의 인문학』, 부크온, 2017.

69 얼 쇼리스, 『인문학은 자유다』, 현암사, 2014.

70 얼 쇼리스, 『희망의 인문학』, 이매진. 2006

71 바라트 아난드, 『콘텐츠의 미래』, 리더스북, 2017.

72 이어령, 『디지로그』, 생각의 나무 2006.

73) 정재찬, 『시를 잊은 그대에게』, 휴머니스트, 2015.

74 이본 쉬나드, 『파타고니아, 파도가 칠 때는 서핑을』, 라이팅하웃, 2020.

75 최윤식, 김건주, 『2030 기회의 대이동』, 김영사 2014.

76 황경식, 『덕윤리의 현대적 의의』, 아카넷. 2012.

77 모기룡, 『착한 사람들이 이긴다』, 한빛비즈. 2013.

78 클라우스 슈밥, 『클라우스 슈밥의 위대한 리셋』, 메가스터디북스. 2021

79 『Give and Take』, 애덤 그랜트, 생각연구소. 2013.

80 린 마굴리스 외, 『생명이란 무엇인가』, 리수, 2016.

81 이도흠, 『4차 산업혁명과 대안의 사회 2』, 특별한 서재, 2020.

82 니콜라스 카, 『생각하지 않는 사람들』, 청림출판. 2015.

83 『기업 인류학』, 마크 르바이&알랭 시몽. 철학과현실사. 2010.

84 김재인, 『뉴노멀의 철학』, 동아시아. 2020.

인생을 성공하려거든
끈기를 죽마고우로, 경험을 현명한 조언자로,
신중을 형님으로, 희망을 수호신으로 삼으라.
조지프 애디슨

미래는 현재 우리가 무엇을 하는가에 달려 있다.
마하트마 간디

누구나 재능은 있다.
드문 것은 그 재능이 이끄는 암흑 속으로
따라 들어갈 용기다.

에리카 종

다른 사람들이 할 수 있거나 할 일을 하지 말고,
다른 이들이 할 수 없고 하지 않을 일들을 하라.
아멜리아 에어하트

불가능해 보이는 것은
불확실한 가능성보다 항상 더 낫다.
아리스토텔레스

세상의 중요한 업적 중 대부분은, 희망이 보이지 않는 상황에서도
끊임없이 도전한 사람들이 이룬 것이다.

데일 카네기